독자의 1초를
아껴주는 정성을
만나보세요!

세상이 아무리 바쁘게 돌아가더라도 책까지 아무렇게나 빨리 만들 수는 없습니다.
인스턴트 식품 같은 책보다 오래 익힌 술이나 장맛이 밴 책을 만들고 싶습니다.
땀 흘리며 일하는 당신을 위해 한 권 한 권 마음을 다해 만들겠습니다.
마지막 페이지에서 만날 새로운 당신을 위해 더 나은 길을 준비하겠습니다.

KB109018

무작정
따라하기

K

스마트폰
영상 촬영+편집
with 키네마스터

키네마스터 공식 인증 강사 박철우 지음

길벗

스마트폰 영상 촬영+편집 무작정 따라하기 with 키네마스터

The Cakewalk series – Video Shooting + Editing on your Smartphone

초판 발행 · 2021년 8월 31일
초판 5쇄 발행 · 2023년 10월 10일

지은이 · 박철우
발행인 · 이종원
발행처 · (주)도서출판 길벗
출판사 등록일 · 1990년 12월 24일
주소 · 서울시 마포구 월드컵로 10길 56(서교동)
대표 전화 · 02)332-0931 | **팩스** · 02)323-0586
홈페이지 · www.gilbut.co.kr | **이메일** · gilbut@gilbut.co.kr

기획 및 책임편집 · 연정모(yeon333718@gilbut.co.kr) | **디자인** · 장기춘 | **제작** · 이준호, 손일순, 이진혁, 김우식
영업마케팅 · 전선하, 차명환, 박민영 | **영업관리** · 김명자 | **독자지원** · 윤정아, 전희수

교정·교열 · 안종군 | **CTP 출력 및 인쇄** · 두경M&P | **제본** · 벽호

ISBN 979-11-6521-661-0 03000
(길벗 도서번호 007087)

정가 17,000원

....

독자의 1초를 아껴주는 정성 길벗출판사

길벗 | IT단행본, IT교육서, 교양&실용서, 경제경영서
길벗스쿨 | 어린이학습, 어린이어학

페이스북 · www.facebook.com/gilbutzigy
네이버 포스트 · post.naver.com/gilbutzigy

◇ ◇ ◇

나의 소중한 하루를,
여행지에서의 멋진 경험을,
사람들과 공유하고 싶은 나만의 노하우를
영상에 담고 싶다는 생각을 해 본 적이 있나요?

어렵고 귀찮을 것 같다는 생각에 도전을 망설이고 있었다면
지금 당장 당신 옆의 스마트폰을 들고 카메라 앱을 실행해 보세요.

당신의 맘에 쏙 드는 영상을 만드는 노하우 중에서
꼭 필요한 내용만 골라 담았습니다.

일상을 마법처럼 바꿔 줄 영상 제작!
지금 시작해 보세요.

이제 영상 제작 능력은 선택이 아니라 필수입니다!

가끔 '영상 제작의 매력을 몰랐다면 내 인생이 얼마나 지루했을까!'라는 생각을 하곤 합니다. 혼자 북 치고 장구 치는 1인 미디어 시대, 누구나 유튜버가 되는 시대, 직접 만나지 않고도 전 세계와 소통하는 언택트 시대. '영상 제작'은 이 시대의 키워드입니다.

왜 영상 제작인가?

인간에게는 뭔가를 표현하고자 하는 욕구가 잠재돼 있습니다. 자신의 생각과 감정을 말, 글, 몸짓으로 표현하기도 하고, 그림이나 음악으로 표현하기도 합니다. 이렇듯 다양한 표현 수단의 상섬을 융합한 것이 바로 '영상 제작'입니다. 영상 제작에는 정답이 없습니다. 내가 구상한 대로, 편집한 대로 표현할 수 있기 때문이지요. 이제 영상으로 나를 표현해 보세요. 삶에 활력이 생긴다는 것을 깨닫게 될 것입니다.

왜 스마트폰인가?

영상을 제작하는 데는 '촬영 도구'와 '편집 도구'가 필요합니다. 얼마 전까지만 해도 영상은 카메라와 컴퓨터 그리고 전문 편집 프로그램이 있어야만 제작할 수 있었습니다. 하지만 이제는 스마트폰 하나만 있으면 언제 어디서든 촬영하고 편집할 수 있습니다. 제 아무리 좋은 장비라도 스마트폰보다 효율적일 순 없을 것입니다. 스마트폰 카메라의 성능이 상업 영화는 물론 방송 산업에까지 활용될 정도로 발전했기 때문에 영상 제작은 더 이상 전문가의 영역이 아닙니다.

왜 유튜브인가?

SNS는 이제 우리의 삶과 떼려야 뗄 수 없는 중요한 소통 창구가 됐습니다. 그중에서도 유튜브는 전 세계 사람과 영상을 이용해 소통할 수 있는 플랫폼입니다. 각자가 가진 노하우와 지식, 삶의 이야기, 넘치는 끼를 영상으로 생생하게 표현하고 공유할 수 있게 된 것입니다. 유튜브로 취미를 즐기거나 유용한 지식을 배우기도 하죠. 돈 한 푼 없이 전 세계와 소통할 수 있는 기회를 잡아 보세요.

이 책이 강력한 자기 표현 도구인 영상을 제작하는 능력을 강화하는 데 많은 도움이 되길 바랍니다. 끝으로 제 삶에 동기를 부여해 주는 아내 천서윤, 딸 박서우, 반려견 에뜨왈에게 사랑한다는 말을 전합니다.

2021년 8월 박철우

저자 소개

스마트폰 영상 전문가 박철우

PC나 카메라 없이 스마트폰만을 이용해 전문적으로 영상을 제작합니다. 혼자서 영상 기획부터 제작, 송출까지 가능한 1인 미디어 크리에이터를 양성하는 일에 힘쓴 지 8년째! 영상 제작을 통해 일상의 재미를 찾고 커리어를 쌓아가는 사람들을 보면 보람을 느낍니다. 취미로 영상을 배우는 평범한 사람들부터 PD나 영화 감독과 같은 영상 전문가까지 다양한 사람들을 대상으로 교육을 하고 있습니다.

스마트폰 영상 팁이 가득한 저자 채널을 소개합니다

'트루팍프로덕션'이라는 회사의 운영을 책임지고 있는 국내 최초 '스마트프로듀서'로, 유튜브 채널 2개를 운영하고 있습니다.

유튜브 〈유캔유튜브〉 채널에서는 스마트폰을 이용한 영상 촬영 및 편집 방법을 친절하게 설명합니다. 유튜브에 관련된 기초적인 이론이나 생활 속에서 스마트폰을 유용하게 활용하는 방법도 소개합니다. 이 책으로 영상 제작 방법을 익힌 후 유튜브 영상으로 최신 꿀팁까지 익히면 효과가 두배!

〈유캔유튜브〉 채널에 놀러 오세요
· 남의 영상만 보는 것이 아니라 내 영상도 남에게 보여 주고 싶은 사람
· 유튜브를 이용해 나의 브랜드 가치를 높이고 싶은 사람
· 바쁜 와중에도 유튜브 채널을 운영하고 싶은 사람
· 고가의 장비 없이 스마트폰 하나로 영상을 효율적으로 제작하고 싶은 사람

유튜브 채널 〈유캔유튜브〉: youtube.com/@ucanyoutube
유튜브 채널 〈삼천포로 빠지다〉: youtube.com/@falling3004
이메일: true-park@naver.com

영상 초보자라도 걱정할 필요 없습니다. 쉽고 친절한 설명을 따라하다 보면 누구나 원하는 영상을 간단하게 제작할 수 있습니다.

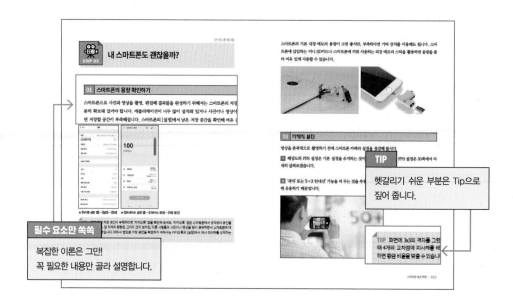

필수 요소만 쏙쏙
복잡한 이론은 그만!
꼭 필요한 내용만 골라 설명합니다.

헷갈리기 쉬운 부분은 Tip으로
짚어 줍니다.

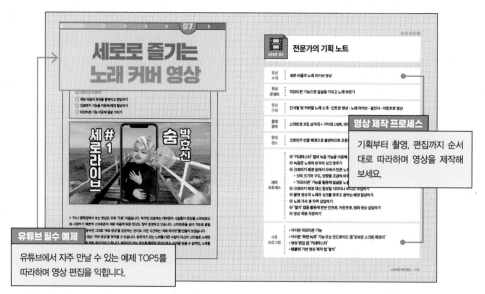

유튜브 필수 예제
유튜브에서 자주 만날 수 있는 예제 TOP5를
따라하며 영상 편집을 익힙니다.

영상 제작 프로세스
기획부터 촬영, 편집까지 순서
대로 따라하며 영상을 제작해
보세요.

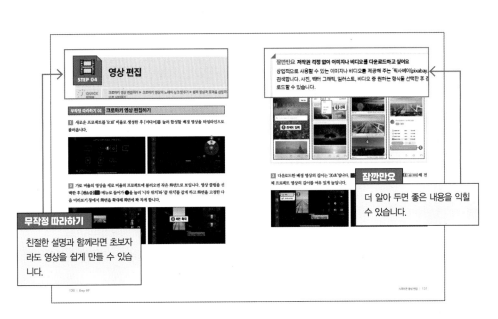

무작정 따라하기

친절한 설명과 함께라면 초보자라도 영상을 쉽게 만들 수 있습니다.

잠깐만요

더 알아 두면 좋은 내용을 익힐 수 있습니다.

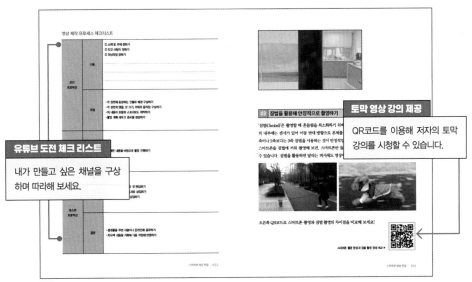

유튜브 도전 체크 리스트

내가 만들고 싶은 채널을 구상하며 따라해 보세요.

토막 영상 강의 제공

QR코드를 이용해 저자의 토막 강의를 시청할 수 있습니다.

저자의 말 004

저자 소개 005

이 책의 구성 006

차례 008

영상 제작 핵심 스킬 골라 보기 013

영상 강의 모아 보기 014

추천의 말 015

PART 01 스마트폰 영상 제작 전 이것만은 알아 두자

DAY 01 · 영상 제작, 스마트폰 하나로 된다?

STEP 01 생각보다 위대한 스마트폰 019

01 스마트폰 활용 사례 019

02 스마트폰 카메라의 진화 020

STEP 02 내 스마트폰도 괜찮을까? 022

01 스마트폰 용량 확인하기 022

02 카메라 설정 023

03 촬영 보조 장비 025

STEP 03 영상, 기본만 알고 가자! 029

01 FPS 029

02 해상도 030

03 영상 제작 프로세스 031

DAY 02 · 스마트폰만으로 촬영하고 편집하자

STEP 01 스마트폰 촬영 시 이것만은 꼭! 035

01 촬영 기본 장비 살펴보기 035

02 스마트폰 촬영 설정 살펴보기 037

STEP 02 촬영 기법, 기본만 알고 가자 039

01 촬영 방식 살펴보기 039

02 화면에 피사체를 담는 방법 041

STEP 03 스마트폰 영상 편집 앱 044

01 종합 영상 편집 앱 '키네마스터(Kinemaster)'   044
02 템플릿을 이용해 빠르고 간단하게! '멸치(Melchi)' 앱   047
03 인공지능 자막 앱 '브루(VREW)'   049

DAY 03 · 어떤 유튜버가 되려고 하는가?

STEP 01   콘텐츠 종류 및 채널 방향성 기획하기   051
01 내가 좋아하는 소재를 찾자   051
02 타깃을 확실히 정하자   052
03 가장 효율적인 제작 방식을 선택하자   053
STEP 02   영상 콘텐츠의 종류에는 무엇이 있을까?   055
01 브이로그   055
02 튜토리얼   055
03 제품 리뷰와 언박싱   056
04 오디오 콘텐츠   056

PART 02 대표 예제로 마스터하는 키네마스터 영상 편집

DAY 04 · 일상을 담는 행복, 나도 브이로거!

STEP 01   기획 노트   061
STEP 02   영상 기획 및 구성   062
01 스마트폰에 저장된 사진으로 영상 기획하기   062
02 대본 작성하고 내레이션 녹음하기   062
STEP 03   편집 준비   064
STEP 04   영상 편집   065
무작정 따라하기 01 처음에 나올 사진이나 영상 2~3개 불러오기   065
무작정 따라하기 02 내레이션 녹음 영상에서 오디오만 추출하기   066
무작정 따라하기 03 분위기에 어울리는 음악 삽입하기   067
무작정 따라하기 04 내레이션의 내용에 맞는 사진이나 영상 삽입하기   068
무작정 따라하기 05 배경 음악을 자연스럽게 이어 붙이고
영상을 사진첩으로 내보내기   071

DAY 05 · 나만의 노하우를 전달하는 튜토리얼 영상

STEP 01   기획 노트   075

STEP 02   촬영 준비   076

STEP 03   영상 촬영   077

STEP 04   영상 편집   078

무작정 따라하기 01 2개 영상의 싱크를 맞춘 후 하나로 합치기   078

무작정 따라하기 02 불필요한 부분 잘라 내고 장면을 추가 삽입하기   084

무작정 따라하기 03 스마트폰 조작 화면에서 동그라미 표시하기   088

무작정 따라하기 04 필요한 구간에 텍스트 넣기   090

무작정 따라하기 05 영상의 도입과 마무리 부분에 음악 넣기   092

DAY 06 · 협찬 대비! 제품 언박싱 영상

STEP 01   기획 노트   095

STEP 02   영상 촬영   096

01 피사체에 집중! 초점 고정하기   096

02 메인 캠과 서브 캠으로 나눠 촬영하기   097

STEP 03   영상 편집   098

무작정 따라하기 01 메인 캠과 서브 캠 싱크 맞추기   098

무작정 따라하기 02 필요 없는 부분 삭제하기   101

무작정 따라하기 03 메인 캠과 서브 캠 영상을 알맞게 배치하기   104

무작정 따라하기 04 자료 화면 추가로 삽입하기   107

무작정 따라하기 05 영상에 자막 삽입하기   110

무작정 따라하기 06 배경 음악 삽입하기   116

DAY 07 · 세로로 즐기는 노래 커버 영상

STEP 01   기획 노트   119

STEP 02   노래 녹음   120

01 노래의 반주 구하기   120

02 스마트폰으로 음성 녹음하기   123

02 녹음한 노래와 반주의 싱크 맞추기   125

STEP 03   영상 촬영   127

01 크로마키 배경 앞에서 촬영하기   127

02 얼굴 가리고 촬영하기   128

STEP 04 영상 편집   130

무작정 따라하기 01 크로마키 영상 편집하기   130

무작정 따라하기 02 크로마키 영상과 노래의 싱크 맞추기   136

무작정 따라하기 03 범퍼 영상과 효과음 삽입하기   139

무작정 따라하기 03 노래 가사를 자막으로 삽입하기   144

DAY 08 · 감각적인 '핫플' 소개 영상

STEP 01 기획 노트   151

STEP 02 촬영 준비   152

01 촬영 장소 선정하기   152

02 다양한 카메라 트랜지션 연습하기   152

02 짐벌을 활용해 안정적으로 촬영하기   155

STEP 03 영상 촬영   156

01 하이퍼랩스 촬영 방법 알아보기   156

02 카메라 트랜지션 기법 알아보기   156

STEP 04 영상 편집   160

무작정 따라하기 01 장면 전환을 위해 사전에 크로마키 작업하기   160

무작정 따라하기 02 크로마키 기능을 이용해 장면 전환 효과 주기   163

무작정 따라하기 03 카메라 트랜지션과 배경 음악을 고려해 컷 편집하기   167

무작정 따라하기 04 오프닝 효과 적용하기   172

무작정 따라하기 05 마무리 자막 넣기   174

PART 03

지금 당장 시작하는 나만의 유튜브 채널

DAY 09 · 준비 끝, 유튜브 채널 오픈!

STEP 01 유튜브 채널 개설   179

무작정 따라하기 01 구글 계정 생성하기   179

무작정 따라하기 02 브랜드 채널 만들기   181

STEP 02 유튜브 채널 디자인하기   185

무작정 따라하기 01 배너 이미지 제작하기   186

무작정 따라하기 02 프로필 사진 제작하기   189

무작정 따라하기 03 동영상 워터마크 제작하기   192

무작정 따라하기 04 채널 맞춤설정하기   193

DAY 10 · 내 영상을 유튜브의 바다로 떠나보내다!

STEP 01 '키네마스터' 앱으로 썸네일 만들기   201

STEP 02 유튜브 채널에 영상 업로드하기   203

무작정 따라하기 01 영상 세부 설정하고 업로드하기   203

무작정 따라하기 01 최종 화면과 카드 추가하기   209

STEP 03 채널 관리하기   214

무작정 따라하기 01 재생 목록 생성하기   214

무작정 따라하기 02 채널 맞춤설정하기   217

무작정 따라하기 03 채널 관리 및 분석하기   219

최신 업데이트 정리 영상 ▶

◁ 무엇이든 물어 보세요! ⟩⟩

문의사항이 있다면 길벗 홈페이지의 [고객센터] - [1:1 문의] 게시판에 질문을 등록해 보세요. 길벗 독자지원센터에서 친절하게 답변해 드립니다.

길벗 홈페이지(www.gilbut. co.kr) 회원가입 후 로그인합니다.	[고객센터] - [1:1 문의] 게시판에서 '도서 이용'을 클릭하고 책 제목을 검색합니다.	'문의하기'를 클릭해 새로운 질문을 등록합니다.

영상을 제작할 때 꼭 알아 둬야 하는 내용만 쏙쏙 뽑았습니다. 이 책을 모두 따라하면 자신에게 필요한 중요 기능을 찾아 활용할 수 있습니다.

기획 및 구성

콘텐츠 종류 및 채널 방향성 기획하기	051

촬영

내 스마트폰 점검하기	022
1인 촬영 팁 알아보기	096
얼굴 가리고 촬영하기	128
카메라 트랜지션 기법 알아보기	156

편집

자막 삽입하기	090, 110
배경 음악 넣기	067
도형 삽입하기	088
추가 영상 삽입하기	107
영상에서 오디오 추출하기	066
메인 캠과 서브 캠 싱크 맞추기	104
크로마키 영상 편집하기	130
오프닝 효과 적용하기	172

공유

채널 디자인하기	183
썸네일 만들기	201
영상 업로드 및 세부 설정 점검하기	203

스마트폰 영상 제작 전문가인 저자의 친절한 강의를 시청해 보세요. 영상 초보자라도 쉽고 재미있게 나만의 영상을 제작할 수 있습니다.

무작정 따라하기 01 · 장면 전환을 위해 사전에 크로마키 작업하기

1 '키네마스터' 앱을 실행해 새로운 프로젝트를 '9:16' 비율로 생성한 후 [미디어](🎞)를 눌러 영상을 불러옵니다.

▲ 저자의 영상 강의를 시청하며
편집 과정을 더 쉽게 익혀 보세요.

영상 편집 초보라도 걱정할 필요 없습니다. 저자의 강의를 시청하면 영상 편집 노하우를 쉽고 간편하게 익힐 수 있습니다. 스마트폰 카메라 앱을 실행해 책 속 QR코드를 비춰 보세요. 자동으로 나타나는 링크를 클릭하면 유튜브 강의로 바로 접속됩니다. 영상 제작 전문가의 실전 노하우를 생생하게 만나 보세요!

촬영

편집

짐벌 vs. 스마트폰 촬영 영상 비교	027
타임랩스와 하이퍼랩스 촬영 영상	156
유선 마이크 사용 촬영 영상	027
FPS에 따른 영상 비교	029
슬로우모션 촬영 영상	030

내레이션 효과적으로 넣는 방법	063
멀티캠 영상 싱크 맞추는 방법	098
크로마키 촬영 및 편집	130, 160
촬영 트랜지션 촬영 및 편집	159, 167

◀ 영상 강의 모음

왼쪽 QR코드를 통해 『스마트폰 영상 촬영+편집 무작정 따라하기』 영상 강의 재생 목록에 접속해 보세요. 이 책에 소개된 강의를 한 번에 모아 볼 수 있습니다. 또한 '키네마스터' 앱이 업데이트될 때마다 새로운 영상을 계속 업로드할 예정이므로 최신 기능을 바로바로 익힐 수 있습니다.

한국경제신문 기획조정실 부장 최진순

국내 최초, 최고, 최강 '스마트폰 프로듀서'인 저자의 종횡무진 콘텐츠 제작 스토리는 넷플릭스 AI가 추천하는 영화보다 흥미롭다. 이 책은 스마트폰을 끼고 사는 현대인의 영상 창작 욕구를 해소해 준다. 책장을 덮고 난 후 당신의 스마트폰은 다른 차원의 아이템이 될 것이다.

시청자미디어재단 세종센터장 홍미애

박철우 국내 1호 스마트 프로듀서의 수업은 쉽고 재미있다. 트렌드를 앞서간다. 매 수업마다 수강생들이 환하게 웃으며 참여하는 모습을 볼 수 있다. 이 책에는 저자가 현장에서 쌓은 노하우가 그대로 담겨 있다. 콘텐츠를 기획하고 만들고 공유할 수 있도록 친절하게 안내하는 이 책은 당신의 스마트폰에 생명력을 불어넣어 줄 지침서가 될 것이다.

PD교육원 사무처장 / 한국VR미디어 협회 부회장 백운수

하루가 다르게 트렌드가 바뀌는 시대, 1인 미디어 제작자들이 K-컬처 콘텐츠를 세계에 알리는 첨병이 됐다 해도 과언이 아니다. 스마트폰 하나로 영상 콘텐츠를 제작할 수 있도록 해 주는 저자의 강의는 방송 현장에서 뛰는 현업 PD들에게도 큰 도움이 됐다. 실제 제작 경험과 현장 사례를 녹여 낸 이 책이 1인 미디어 제작자를 꿈꾸는 모든 이에게 나침반이 되길 고대한다.

플라잉웨일 대표 백영선

'퍼스널브랜딩'의 시대다. 자신의 업을 찾아 떠난 '프리워커'에게도, 평생 직장이 사라진 요즘 직장인들에게도 필수다. 자신이 무엇을 좋아하고 잘하는지 살펴야 한다. 그리고 그것을 주변에 알려야 한다. 이때 필요한 것이 소셜미디어, 특히 유튜브이다. 퍼스널브랜딩을 통해 기회를 만들어가고자 하는 사람들에게 이 책은 일용할 양식이 될 것이다.

시인 오은

현대인을 '포노 사피엔스'라고 부르지만, 스마트폰에 의존하는 것만큼 제대로 활용하지는 못한다. 이 책은 어떻게 하면 스마트폰으로 영상을 찍고 그것을 나만의 콘텐츠로 만들 수 있는지 친절하고 일목요연하게 알려 준다. 1인 미디어 시대, 스마트폰이 지닌 '스마트함'을 적극적으로 찾는 사람들에게 적극 추천한다.

스마트폰 영상 제작 전 이것만은 알아 두자

복잡한 영상 이론, 전문적인 카메라 조작 방법을 배워야만

멋진 영상을 만들 수 있는 것은 아닙니다.

스마트폰으로 영상을 제작하는 데 꼭 필요한 내용만 쏙쏙 뽑아 익혀 봅시다.

DAY 01 영상 제작, 스마트폰 하나로 된다?

DAY 02 스마트폰만으로 촬영하고 편집하자

DAY 03 어떤 유튜버가 되려고 하는가?

영상 제작, 스마트폰 하나로 된다?

⊘ **CHECK POINT**

◯ 스마트폰 카메라 앱만으로도 충분하다!

◯ 나의 스마트폰 점검 사항

◯ 나에게 필요한 촬영 보조 장비

◯ 영상에 관한 기초 지식

▶ 우리는 '1인 미디어 시대'에 살고 있습니다. 개인이 기획하고 촬영, 편집해서 만든 영상을 직접 '유튜브' 채널에 올려 전 세계로 송출할 수 있게 된 것이죠. 과거에는 미디어를 TV나 극장에서만 접할 수 있었는데 지금은 누구나 미디어를 쉽게 만들어 낼 수 있습니다. 심지어 개인이 방송국보다 더 큰 영향력을 갖고 있는 경우도 있습니다. 1인 미디어 시대에 가장 중요한 역할을 한 것이 바로 '스마트폰'입니다.

스마트폰은 카메라나 캠코더에 비해 휴대하기 쉽고 부피가 작아 영상을 촬영하기 편리합니다. 또한 조작이 어려운 컴퓨터 편집 프로그램 대신 영상 편집 앱을 사용하면 누구나 쉽게 영상을 편집할 수 있습니다. 스마트폰을 활용하면 누구나 '1인 미디어 시대'의 주인공이 될 수 있답니다.

생각보다 위대한 스마트폰

STEP 01

01 스마트폰 활용 사례

요즘에는 영화, 방송 등과 같은 전문적인 영역에서 스마트폰으로 촬영한 영상을 활용하는 사례를 흔히 볼 수 있습니다.

2011년, 최초로 스마트폰을 활용해 촬영한 장편 영화 〈올리브(Olive)〉가 극장에서 개봉했습니다. 미국의 감독 호만 칼 릴리(Hooman Khalili)가 연출한 작품으로, '노키아 N8 스마트폰'을 이용해 촬영했습니다. 이때까지만 하더라도 스마트폰의 최대 해상도는 'HD(720p)'였지만, 영상을 극장의 스크린으로 시청하는 데는 큰 문제가 되지 않았습니다.

2015년 미국의 코미디 드라마 영화인 〈탠저린(Tangerine)〉은 같은 해 선댄스 영화제(Sundance Film Festival)에서 상영돼 많은 사람의 주목을 받았습니다. 이 영화의 감독인 션 베이커(Sean Baker)는 영화를 적은 예산으로 제작하기 위해 여러 가지를 고려하다가 촬영 기기에 들어가는 비용을 줄이기로 결정하고 결국 '아이폰5s'로 영화를 촬영했다고 합니다. 그는 "아마추어들도 사운드에만 신경을 쓴다면 스마트폰으로도 충분히 좋은 영화를 만들 수 있다."고 말했습니다.

▲ 스마트폰으로 상업 영상을 촬영하는 사례

방송국에서도 기존에 사용하던 카메라를 모두 아이폰으로 교체한 사례가 있습니다. 2015년, 스위스 제네바의 채널인 '레만 블뢰(Leman Bleu)'는 기자들이 아이폰을 셀카봉, 마이크와 연결해 취재 현장을 직접 촬영했습니다. 혼자 영상을 제작한다는 점에서 1인 미디어의 성격을 갖고 있다고 볼 수 있습니다. 이처럼 스마트폰은 인건비와 기자재비를 절감할 수 있을 뿐 아니라 뉴스를 빠르게 전달할 수 있다는 장점도 있었습니다.

▲ 스마트폰으로 취재하고 뉴스를 제작하는 사례

02 스마트폰 카메라의 진화

앞에서 언급했던 최초의 스마트폰 촬영 영화의 해상도는 'HD(720p)'였습니다. 하지만 2021년 현재 스마트폰의 최고 해상도는 '8K(4320p)'로, HD보다 36배나 더 높습니다. 그뿐 아니라 화소 수가 최대 1억 800만 개에 달하며, 줌 기능이 100배까지 지원되는 모델도 있습니다. 배터리 용량이 늘어나 과거에 비해 오랫동안 촬영할 수 있고, 내장 메모리가 1GB의 1,024배에 해당하는 1TB까지 지원되기도 합니다.

몇 년 전과 비교했을 때 스마트폰의 화면은 훨씬 커졌지만, 두께는 얇아지고 무게는 가벼워졌습니다. 심지어 스마트폰의 액정을 접을 수 있는 '폴더블폰(Foldable phone)'도 출시됐습니다.

▲ 액정을 접을 수 있는 '폴더블폰'

스마트폰의 놀랄 만한 발전 속도에 힘입어 스마트폰에 내장된 카메라도 눈부시게 진화했습니다. 이제는 대부분의 사람이 언제 어디서나 스마트폰으로 사진과 영상을 촬영합니다. 무겁고 번거롭게 카메라를 들고 다닐 필요가 없어진 것입니다. 스마트폰 카메라의 진화는 앞으로도 계속 될 것입니다.

STEP 02 | 내 스마트폰도 괜찮을까?

01 | 스마트폰 용량 확인하기

스마트폰으로 사진과 영상을 촬영, 편집해 결과물을 완성하기 위해서는 스마트폰의 저장 공간이 충분히 확보돼 있어야 합니다. 애플리케이션이 너무 많이 설치돼 있거나 사진이나 영상이 너무 많으면 저장할 공간이 부족해집니다. 스마트폰의 [설정]에서 남은 저장 공간을 확인해 여유 공간을 만들어 두는 것이 좋습니다.

TIP
• [아이폰 설정 앱] - [일반] - [정보]
• [안드로이드 설정 앱] - [디바이스 케어] - [저장 공간]

▲ 스마트폰의 저장 용량 확인

TIP 스마트폰의 저장 공간이 부족하다면 '카카오톡' 앱을 확인해 보세요. '카카오톡' 앱은 스마트폰에서 생각보다 공간을 많이 차지합니다. 앱 자체의 용량은 그다지 크지 않지만, 다른 사람들과 사진이나 영상을 많이 공유하면서 스마트폰에 데이터가 남기 때문입니다. 따라서 핸드폰 저장 공간을 확보하기 위해서는 카카오톡의 [설정]에서 캐시 데이터를 삭제하는 것이 좋습니다.

스마트폰의 기본 내장 메모리 용량이 크면 좋지만, 부족하다면 기타 장치를 이용해도 됩니다. 스마트폰에 삽입하는 미니 SD카드나 스마트폰에 끼워 사용하는 외장 메모리 스틱을 활용하면 용량을 좀 더 여유 있게 사용할 수 있습니다.

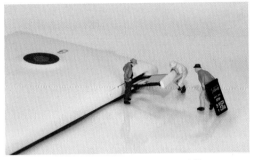 

▲ SD카드(좌)나 외장 메모리 스틱(우) 활용해 저장 공간 확보

02 카메라 설정

영상을 본격적으로 촬영하기 전에 스마트폰 카메라 설정을 점검해 봅시다.

1 해상도와 FPS 설정은 기본 설정을 유지하는 것이 좋습니다. 해상도와 FPS 설정은 29~30쪽에서 자세히 살펴보겠습니다.

2 '격자' 또는 '3×3 안내선' 기능을 켜 두는 것을 추천합니다. 수평을 맞추거나 황금 비율로 촬영할 때 유용하기 때문입니다.

TIP 화면에 3x3의 격자를 그렸을 때 4개의 교차점에 피사체를 배치하면 황금 비율을 맞출 수 있습니다.

▲ '격자' 기능을 이용한 촬영

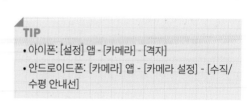

TIP
• 아이폰: [설정] 앱 - [카메라] - [격자]
• 안드로이드폰: [카메라] 앱 - [카메라 설정] - [수직/수평 안내선]

▲ 카메라의 안내선 설정

3 카메라 모드에는 기본적인 사진과 동영상 외에 화면을 부드럽고 느린 동영상으로 표현할 수 있는 슬로우모션 모드, 긴 시간에 벌어지는 장면을 짧은 시간에 담을 수 있는 타임랩스(안드로이드폰은 하이퍼랩스) 모드 등이 있습니다. 자세한 내용은 156쪽에서 다루겠습니다.

4 사진첩은 보통 촬영된 시간을 기준으로 정렬됩니다. 그러나 영상을 제작할 때는 앨범별로 정리해 관리하는 것이 효율적입니다. 사진첩에서 앨범을 생성한 후 원하는 사진이나 동영상만 그 앨범에 이동 또는 복사해 두는 것이 좋습니다.

5 자주 쓰는 카메라 앱과 사진첩 앱 그리고 앞으로 배울 영상 편집 관련 앱은 스마트폰에서 접근하기 쉽도록 배치하는 것이 좋습니다. 아이폰이라면 가장 첫 화면, 안드로이드폰이라면 바탕화면에 정리해 두세요. 눈에 잘 보이는 곳에 있어야 자주 창작할 수 있겠죠?

03 촬영 보조 장비

1 보조 배터리

스마트폰으로 영상을 촬영, 편집하다 보면 배터리가 빨리 소모됩니다. 따라서 언제 어디에서나 배터리 걱정 없이 스마트폰을 사용하려면 보조 배터리가 꼭 필요합니다. 영상을 촬영하기 전에는 반드시 스마트폰에 보조 배터리를 연결해 촬영 도중에 전원이 꺼지지 않도록 해야 합니다.

2 삼각대

안정적으로 촬영하기 위해서는 카메라를 고정할 수 있는 삼각대가 필요합니다. 특히, 1인 방송 콘셉트로 촬영하기 위해서는 삼각대를 이용해 카메라를 바닥에 세워야 합니다. 삼각대는 '미니 삼각대'와 '전문 삼각대'로 나눌 수 있는데, 휴대성을 고려한다면 '미니 삼각대', 다양한 장소에서 촬영하거나 높이를 자유롭게 조절해 촬영해야 한다면 '전문 삼각대'가 효과적입니다.

▲ 다양한 종류의 삼각대

3 홀더

스마트폰을 삼각대에 고정하기 위해서는 홀더가 있어야 합니다. 셀카봉의 끝에 달린 홀더가 분리된다면 삼각대에 고정해 사용해도 됩니다.

▲ 홀더(좌)와 이용 예시(우)

4 셀카봉

혼자서도 본인의 모습을 배경과 함께 촬영하려면 '셀카봉'이 필요합니다. 배경이 넓게 보이도록 하려면 셀카봉의 길이가 가능한 한 긴 것이 좋습니다. 이동하면서 촬영할 때도 스마트폰의 무게를 안정적으로 견뎌야 하므로 길게 뽑아도 단단히 고정되는 제품을 사용하는 것이 좋습니다.

▲ 셀카봉을 활용해 인물과 배경을 함께 촬영하는 모습

5 마이크

사운드가 포함된 영상을 촬영할 때는 마이크를 사용하세요. 마이크 사용 여부에 따라 영상의 품질이 크게 달라집니다. 마이크는 크게 유선과 무선, 단일 지향성과 무지향성으로 나눌 수 있습니다.

유선 마이크는 스마트폰에 바로 연결해 사용하는 방식, 무선 마이크는 보통 수신기를 스마트폰에 끼우고 송신기를 이용해 녹음하는 방식입니다. 1인 방송, 인터뷰, 내레이션 녹음은 단일 지향성 마이크, 공연장에서 음악을 녹음하거나 한번에 다양한 소리를 녹음할 때는 무지향성 마이크를 사용하는 것이 효과적입니다.

▲ 시끄러운 곳에서 유선 마이크의 성능 테스트하기

6 짐벌

'짐벌(Gimbal)'은 '동심원 2개의 링으로 이뤄진 수평 유지 장치입니다. 영상을 촬영할 때 카메라가 움직이는 반대 방향으로 본체를 기울여 흔들림 없이 촬영할 수 있도록 도와줍니다. 스마트폰을 짐벌에 장착해 촬영하면 걷거나 달리면서 촬영해도 영상이 크게 흔들리지 않습니다. 스마트폰 카메라에도 흔들림 보정 기술이 내장돼 있지만, 짐벌을 이용하면 훨씬 더 부드러운 영상을 촬영할 수 있습니다.

▲ 짐벌 사용 여부에 따른 결과 영상 차이

7 1인칭 거치대

언박싱 리뷰, 요리 콘텐츠 등에서는 화면에 두 손이 모두 등장해야 합니다. 이 경우 카메라를 들 수 있는 손이 없어 혼자 촬영하기 어려우므로 1인칭 거치대를 이용하는 것이 좋습니다. 보통 목에 걸 수 있는 형태입니다. 스마트폰을 거치대에 장착하고 각도를 시야에 맞게 조절해 사용합니다.

▲ 1인칭 거치대를 이용해 촬영하는 모습

8 크로마키 배경

'크로마키(Chroma key)'는 색상의 차이를 이용해 움직이는 피사체를 다른 화면에 합성하는 기법입니다. 보통 초록색이나 파란색 배경 앞에서 영상을 촬영한 후 편집 과정에서 그 '색(Chroma)'을 '키(Key)'로 설정해 없애고, 다른 이미지나 영상을 배경으로 삽입합니다. 배경색이 초록색이나 파란색인 이유는 우리가 기본적으로 갖고 있는 피부나 입술, 눈, 머리카락 등의 색과 겹치지 않아서 배경과 인물을 깔끔하게 분리할 수 있기 때문입니다. 따라서 초록색 배경 앞에서 촬영할 때 초록색 계열의 옷을 입었다면 배경을 없앨 때 그 부분도 함께 사라질 수 있으므로 주의해야 합니다. 또한 색을 정확히 제거하려면 크로마키 배경 천의 색이 명확한 것이 좋습니다. 주름이 생기지 않도록 하는 것도 중요합니다.

▲ 크로마키 배경 앞에서 촬영하는 모습

영상, 기본만 알고 가자!

STEP 03

01 | FPS

영상은 정지 이미지(프레임)가 이어져 움직이는 원리로 제작됩니다. FPS는 'Frames Per Second'의 약자로, '초당 프레임 수', 즉 1초 안에 들어 있는 프레임의 개수를 말합니다. 스마트폰 카메라로 촬영하는 동영상의 기본값은 '30FPS'이며, 설정에서 '24FPS'나 '60FPS'로 변경할 수 있습니다.

FPS가 높다는 것은 1초의 영상이 더 많은 프레임(이미지)으로 캡처된다는 뜻이므로 FPS가 높을수록 영상에서 보이는 모션이 더 부드럽게 느껴집니다.

눈으로 보기에 불편을 느끼지 않으려면 최소 24FPS는 돼야 합니다. 일반적인 영상은 30FPS로 촬영됩니다. 영화에서 많이 사용하는 '시네마틱 프레임'은 24FPS로, 30FPS에 비해 조금 투박한 느낌이 듭니다. 반면, 60FPS로 설정하고 촬영한 영상은 1초에 들어가는 프레임이 30FPS의 2배이므로 매우 부드럽게 느껴집니다. 또한 빠르게 움직이는 피사체를 영상으로 촬영하면 FPS가 적을수록 잔상이 많이 남습니다.

무성영화 시절에는 16FPS 정도로 촬영했는데, 16FPS는 영상이 끊겨 보이기 때문에 24FPS 정도로 변환했다고 합니다. 1.5초(16FPS + 8FPS = 24FPS)의 모습이 1초에 보이는 셈이므로 마치 영상의 속도를 빠르게 돌린 것처럼 보이는 것이죠.

▲ 프레임 비교 15FPS vs. 24FPS vs. 30FPS vs. 60FPS

요즘 스마트폰 카메라에는 '슬로우모션' 기능이 탑재돼 있습니다. 이는 120FPS, 240FPS, 최대 960FPS의 높은 FPS로 촬영한 후 영상의 속도를 느리게 하는 원리입니다. 만약 30FPS로 촬영한 영상의 속도를 1/2로 느리게 변환했다면 FPS가 '15'로 바뀝니다. 그런데 15FPS는 우리 눈에 뚝뚝 끊겨 보이기 때문에 영상을 부드럽게 만들기 위해 촬영할 때부터 FPS를 높게 설정하는 것입니다. 그러면 속도를 느리게 하더라도 30FPS 이상의 영상을 얻을 수 있습니다.

▲ 240FPS 슬로우모션 영상

02 해상도

영상의 화질이나 선명도를 말하는 해상도는 영상을 표현하는 작은 네모 칸, 즉 픽셀의 개수에 따라 좌우됩니다. 해상도가 낮은 이미지나 영상을 봤을 때나 화면을 많이 확대했을 때 이 네모 칸이 여러 개 보이는 것을 확인할 수 있죠.

▲ 저해상도 이미지

▲ 고해상도 이미지

스마트폰 카메라로 동영상을 촬영할 때의 기본 해상도는 FHD(Full HD, 1080p)입니다. 가로에 1,920개 픽셀, 세로에 1,080개 픽셀이 있으므로 화면을 구성하는 총 픽셀 수는 2,073,600개(1,920개 ×1,080개)입니다. 유튜브에 업로드되는 대부분의 고화질 영상의 해상도는 FHD입니다. 대형 스크린에서 보아도 손색이 없을 정도로 화질이 뛰어나지만, 요즘 출시되는 스마트폰 카메라는 4K(UHD, Ultra HD), 심지어 8K 해상도까지 표현할 수 있습니다. 스마트폰에서 동영상을 본다고 가정했을 때, 적어도 HD 이상은 돼야 좋은 화질로 느껴집니다.

해상도명	세로 픽셀 수	모니터 해상도 (가로 × 세로 픽셀 수)
HD	720	1,280 × 720
FHD	1080	1,920 × 1,080
4K	2160	3,840 × 2,160
8K	4320	7,680 × 4,320

03 영상 제작 프로세스

영상을 효율적으로 제작하기 위해서는 다음과 같은 프로세스를 거치는 것이 좋습니다.

기획 ➡ **구성** ➡ **촬영** ➡ **편집** ➡ **공유**

먼저 기획 단계에서는 소재와 주제를 정하고, 장르, 러닝타임(영상의 길이), 시청 타깃 등을 구상합니다. 구성 단계에서는 스토리텔링을 구체적으로 해 보고 촬영 계획을 꼼꼼히 세우는 등 기획한 내용을 발전시킵니다. 이때, 기획한 내용을 바탕으로 촬영할 장면들의 샷 크기나 앵글(각도), 카메라나 피사체의 움직임 등을 미리 스케치해 보는 '스토리보드'를 작성하면 촬영 과정이 좀 더 순조로워집니다.

기획과 구성 단계를 합쳐 '프리 프로덕션(Pre-Production)'이라 부릅니다. 프로덕션(촬영) 이전의 과정이기 때문입니다.

▲ 스토리보드 제작하기

촬영 준비가 끝나면 '프로덕션(Production)', 즉 본격적인 촬영 과정에 들어갑니다. 많은 영상 초보자가 '일단 많이 촬영해 놓고 편집에서 승부하면 되겠지.'라고 생각하는데, 이는 매우 잘못된 생각입니다. 계획 없이 촬영하면 결코 좋은 결과물을 얻을 수 없습니다.

촬영이 끝나면 '프로덕션' 이후 과정인 '포스트 프로덕션(Post-Production)'에 집중해야 합니다. '포스트 프로덕션'은 촬영한 영상을 편집하는 과정을 의미합니다. 촬영한 장면들을 미리 맞춰 놓은 순서에 따라 배열한 후 필요 없는 구간을 잘라 냅니다. 그런 다음 자막, 음악, 효과음, 내레이션, 효과, 스티커 등과 같은 다양한 요소를 적절하게 삽입합니다.

최종적으로 만들어진 영상은 '공유'의 절차를 거치는 것이 좋습니다. 영상을 다른 사람에게 보여 주거나 온라인에 업로드하면 영상에 대한 피드백을 확인할 수 있기 때문입니다. 더 좋은 영상을 제작할 수 있는 발판으로 삼아 보세요.

영상 제작 프로세스 체크리스트

프리 프로덕션	기획	☐ 소재 및 주제 정하기 ☐ 타깃 시청자 정하기 ☐ 러닝타임 정하기
	구성	☐ 각 장면에 등장하는 인물과 배경 구상하기 ☐ 각 장면의 앵글, 샷 크기, 카메라 움직임 구상하기 ☐ 위 내용이 포함된 스토리보드 제작하기 ☐ 촬영 계획 세우고 준비물 점검하기
프로덕션	촬영	☐ 계획한 내용을 바탕으로 촬영 진행하기
포스트 프로덕션	편집	☐ 촬영한 장면 배열하고 컷 편집하기 ☐ 자막과 배경 음악, 효과음 삽입하기 ☐ 스티커나 특수 효과 삽입하기
	공유	☐ 결과물을 주변 사람이나 온라인에 공유하기 ☐ 피드백 내용을 기록해 다음 작업에 반영하기

스마트폰만으로
촬영하고 편집하자

⊘ **CHECK POINT**

◯ 스마트폰 촬영 전 점검 사항

◯ 알고 나면 더 즐거운 촬영의 세계

◯ 전문가 수준의 영상 편집이 가능한 스마트폰 앱

▶ 스마트폰을 신체의 일부처럼 사용하는 현대인들을 '포노 사피엔스(Phono Sapiens)'라고 부릅니다. '폰 (Phone)'과 '호모 사피엔스(Homo Sapiens)'가 합쳐진 말로, 스마트폰 없이 살아가기 어려운 현대인들의 모습을 잘 나타냅니다.

카메라나 영상 편집 도구를 따로 구비할 필요 없이, 항상 휴대하는 스마트폰으로 영상을 제작해 봅시다. 언제 어디 에서나 영상을 촬영하고, 편집할 수 있기 때문에 영상 제작 효율이 매우 높아질 뿐 아니라 좋은 아이디어가 떠올랐 을 때 영상을 즉흥적으로 완성할 수도 있습니다. 스마트한 시대에 걸맞은 스마트한 영상 제작, 지금부터 제대로 시 작해 보겠습니다.

스마트폰 촬영 시 이것만은 꼭!

STEP 01

01 촬영 기본 장비 살펴보기

스마트폰만으로도 영상을 촬영할 수 있지만, 다음과 같은 보조 장비를 활용하면 더욱 안정적인 결과물을 얻을 수 있습니다.

다음 장비들은 휴대하기 쉬우므로 스마트폰의 최대 장점인 '휴대성'을 극대화할 수 있습니다.

- 미니 삼각대: 스마트폰을 평평한 바닥에 거치한 후 촬영할 수 있습니다. 카메라를 들고 있을 수 없는 경우에 활용합니다. 언제 어디서든 활용할 수 있도록 작고 가벼운 삼각대를 구비하는 것이 좋습니다.
- 셀카봉: 셀카 모드로 촬영해 현장감을 살릴 수 있습니다. 높이 조절이 어려운 미니 삼각대의 단점을 보완하는 데 활용되기도 합니다. 삼각대에 셀카봉을 추가로 연결해 촬영할 수도 있습니다.
- 스마트폰 홀더: 스마트폰을 삼각대나 셀카봉에 끼워 고정하는 데 사용됩니다.
- 마이크: 음성이 포함되는 영상을 촬영하는 경우 반드시 필요합니다.

▲ 미니 삼각대

▲ 셀카봉

▲ 스마트폰 홀더

▲ 유선 마이크

위와 같은 기본 장비를 활용해 촬영 준비를 해 볼까요? 촬영에 사용할 스마트폰을 스마트폰 홀더에 끼워 셀카봉의 끝에 장착합니다. 그런 다음, 셀카봉의 반대쪽을 미니 삼각대에 고정하고 높이와 수평을 맞춥니다. 마지막으로 유선 마이크를 스마트폰에 연결합니다.

02 스마트폰 촬영 설정 살펴보기

촬영을 하기 전에 스마트폰 촬영 설정을 점검해 봅시다.

- 배터리 상태: 영상을 장시간 촬영하면 배터리가 빨리 소모됩니다. 미리 100%로 충전해 놓거나 보조 배터리를 연결한 상태에서 촬영하는 것이 좋습니다.
- 저장 공간: 영상을 안정적으로 저장하기 위해 스마트폰의 저장 공간을 넉넉하게 확보해 두는 것이 좋습니다. 아이폰의 경우 [설정]에서 1분짜리 영상의 대략적인 크기를 확인할 수 있으므로 이를 고려해 남은 저장 공간을 계산해 보세요.

TIP
- 아이폰: [설정] - [일반] - [iPhone 저장 공간]
- 안드로이드폰: [설정] - [디바이스 관리] - [저장 공간]

▲ 배터리 상태 및 저장 공간 확인

- 해상도: 현재 대부분의 스마트폰 동영상 기본 해상도는 '1080p Full HD(FHD)'인데, 편집 시 동영상을 확대할 예정이라면 더 높은 해상도로 촬영하는 것이 좋습니다. 높은 해상도로 촬영할수록 파일의 크기도 커집니다.
- FPS: 초당 프레임 수를 의미하는 'FPS'는 대부분 '30FPS'로 설정돼 있습니다. 좀 더 부드러운 영상을 원하거나 일부 장면의 속도를 느리게 편집하고자 하는 경우에는 '60FPS'로 설정해 놓고 촬영하세요.

▲ 해상도 및 FPS 설정

TIP

- 아이폰: [설정] - [카메라] - [비디오 녹화]
- 안드로이드폰: [카메라] - [카메라 설정] - [후면 카메라(또는 전면 카메라)] - [동영상 크기]

- 비행기 모드: 촬영을 할 때 전화나 메시지가 오면 촬영이 중단될 수 있으므로 비행기 모드로 설정하는 것이 좋습니다.

▲ 비행기 모드 설정

STEP 02 촬영 기법, 기본만 알고 가자

01 촬영 방식 살펴보기

1 카메라 고정 여부

❶ 고정 촬영

카메라를 삼각대에 고정해 놓은 상태에서 촬영하는 것을 말하며, '픽스샷(Fix Shot)'이라고도 합니다. 영상을 촬영할 때는 대부분 이 방식을 이용합니다. 흔들림이 거의 없기 때문에 안정적인 영상을 확보할 수 있고, 장시간 촬영에도 유리합니다.

❷ 핸드헬드 촬영

카메라를 손으로 들고 촬영하는 것을 말합니다. 삼각대가 없어서 어쩔 수 없이 핸드헬드(Handheld)로 촬영하는 경우도 있지만, 영상에 생동감이나 긴박감을 주기 위해 의도적으로 활용하기도 합니다. 핸드헬드 방식으로 촬영할 때 움직이는 피사체를 따라가야 한다면 '짐벌'을 이용하는 것이 좋습니다.

▲ 고정 촬영　　　　　　　　▲ 핸드헬드 촬영　　　　　　　　▲ 짐벌을 이용한 촬영

2 화면 이동 방식

❶ 줌(Zoom, 확대/축소)

피사체의 크기를 확대 또는 축소해 촬영하는 방식입니다. 스마트폰에서는 촬영 화면을 두 손가락으로 벌리거나 좁히면서 확대/축소합니다. 스마트폰으로 촬영할 때는 확대 시 화질이 떨어지기 때문에 줌 기능을 이용하기보다 피사체에 가까이 다가가 촬영하는 것이 좋습니다.

▲ 기본 촬영 화면 크기   ▲ 줌 촬영(×10) 화면 크기

❷ 팬(Pan, 좌우 이동)

카메라를 왼쪽이나 오른쪽으로 움직이면서 촬영하는 것을 말합니다. 넓은 장소의 모습을 한 번에 촬영하기 어려운 경우, 수평으로 이동하는 인물을 따라가는 경우에 사용합니다.

❸ 틸트(Tilt, 상하 이동)

카메라를 위나 아래로 움직이면서 촬영하는 것을 말합니다. 위아래로 길쭉한 피사체를 화면에 담는 경우, 수직으로 움직이는 피사체를 촬영하는 경우에 주로 사용합니다.

▲ '팬'과 '틸트'의 화면 이동 비교하기

02 화면에 피사체를 담는 방법

1 다양한 구도 알아보기

종류	설명	효과	예시 장면
익스트림 클로즈업 샷 (E.C.U., Extream Close-Up)	피사체를 매우 가까이에서 촬영	슬픔, 분노 등 극단적인 감정 상태를 나타낼 때 사용함.	
클로즈업 샷 (C. U., Close-Up)	• 피사체를 가까이에서 촬영 • 주로 화면에 인물의 얼굴을 가득 채우는 구도를 의미함.	인물의 표정이나 사물의 디테일을 강조할 때 사용함	
바스트 샷 (B. S., Bust Shot)	인물의 가슴까지 담는 구도		
웨이스트 샷 (W. S., Waist Shot)	인물의 허리까지 담는 구도	• 인물을 촬영할 때 자주 사용함. • 뉴스나 인터뷰 등에서 자주 사용함. • 피사체에서 멀어질수록 배경이나 화면 내 다른 피사체의 중요도가 커짐.	
니 샷 (K. S., Knee Shot)	인물의 무릎까지 담는 구도		
풀 샷 (F.S., Full Shot)	피사체 전체를 담는 구도	피사체와 배경의 중요도가 비슷한 상황에서 사용함.	
롱 샷 (L. S., Long Shot)	피사체가 화면의 1/3 정도를 차지하지만, 배경에 따라 피사체의 크기가 바뀔 수 있음.	• 배경과 피사체가 긴밀한 연관성을 가짐. • 배경에 의미를 두는 장면에 주로 사용함.	
익스트림 롱 샷 (E. L. S., Extream Long Shot)	아주 먼 거리에서 촬영. 주로 드론이나 크레인을 활용해 높은 곳에서 촬영함.	상황이 발생하기 전, 그 장소에 대한 정보를 제공할 때 사용함.	

2 다양한 앵글 알아보기

종류	설명	효과	예시 장면
아이레벨 앵글 (Eye Level Angle Shot)	피사체의 높이에 맞춰 촬영	피사체가 시청자 눈높이와 일치하는 지점에 위치하므로 안정감을 줌.	
하이 앵글 (High Angle Shot, 부감)	위에서 아래를 내려다보듯이 촬영	• 상황이나 배경을 전체적으로 보여 줄 때 활용함. • 인물을 왜소하게 표현하므로 깔보거나 측은하게 여기는 상황에 활용함(코믹한 느낌을 줄 수도 있음). • 인물 간 위치가 다를 경우 아래에 있는 인물을 촬영할 때 활용함.	
로우 앵글 (Low Angle Shot, 앙각)	아래에서 위를 올려다보듯이 촬영	• 자신보다 큰 피사체를 촬영할 때 활용함. • 압도감, 존경심을 드러낼 수 있음. • 인물의 거만함을 표현할 수 있음. • 인물 간 위치가 다를 경우에는 위쪽에 있는 인물을 촬영함.	
사선 앵글 (Oblique Angle Shot)	카메라를 기울여 촬영	• 역동적이고 신선한 느낌을 줄 수 있음. • 비정상적, 비일상적인 상황을 나타낼 수 있음.	

잠깐만요 '헤드룸'과 '노즈룸'을 확보해 화면에 안정감 주기

영상 촬영에서 헤드룸(Head Room)은 인물 머리 위의 공간, '노즈룸(Nose Room)'은 코 앞의 공간을 말합니다. 헤드룸과 노즈룸을 적절히 확보하면 안정적인 구도를 잡을 수 있습니다.

▲ 적절한 헤드룸과 노즈룸

하지만 위와 다르다고 해서 무조건 잘못된 것은 아닙니다. 의도에 따라 화면을 구성하면 장면의 분위기를 효과적으로 전달할 수 있습니다. 아래 이미지는 헤드룸과 노즈룸을 없애거나 반대 방향에 둔 사례입니다. 장면의 의미와 촬영자의 의도에 따라 영상 문법은 지켜지지 않을 수도 있습니다.

▲ 헤드룸 없음.

▲ 노즈룸을 반대 방향으로 사용

스마트폰 영상 편집 앱

STEP 03

01 종합 영상 편집 앱 '키네마스터'

▲ '키네마스터' 앱 로고

'키네마스터(Kinemaster)' 앱은 가장 많이 사용되는 영상 편집 앱 중 하나로, 다른 앱이나 프로그램을 활용하지 않고도 한 번에 영상을 완성할 수 있다는 장점이 있습니다. 조작 방식이 간단하며 앱 안정성이 높은 편입니다.

'키네마스터' 앱을 이용하면 '사진 나열하기', '영상 자르기', '텍스트 삽입', '음악 및 효과음 활용', '내레이션 녹음', '장면 전환 효과', '속도 조정', '색 필터 및 색 요소별 조정', 'PIP(Picture In Picture)', '화면 분할', '크로마키' 등 다양하고 섬세한 편집 기능을 활용할 수 있습니다. '키네마스터' 앱 내의 '에셋 스토어'에서는 폰트와 배경 음악, 효과음, 스티커나 효과 등을 다운로드할 수 있습니다. 저작권 걱정 없이 다양한 효과를 활용해 보세요.

'키네마스터' 앱의 기능은 대부분 무료로 사용할 수 있지만, 유료로 구독하면 영상 완성본에 워터마크가 표시되지 않고, 앱을 사용하는 도중에 광고도 나타나지 않습니다. 또한 '에셋 스토어'의 음악과 효과 등을 전부 활용할 수 있다는 장점도 있습니다. 조금만 응용하면 전문가처럼 편집할 수 있으니 효과적으로 활용해 보세요!

'키네마스터' 홈 화면 중 '만들기' 메뉴 화면

① 새 프로젝트: 새로운 영상을 만들기 위해 프로젝트를 생성합니다.

② 내 프로젝트: 기존에 작업한 프로젝트들이 자동 저장됩니다.

③ 템플릿 프로젝트: '키네마스터' 앱이 제공하는 영상 템플릿 프로젝트를 다운로드해 활용할 수 있습니다.

④ 자주하는 질문: '키네마스터' 앱에 대해 자주 묻는 질문과 답변을 확인할 수 있습니다.

⑤ 프리미엄 버전 업그레이드: 워터마크 제거와 다양한 소스 활용을 위해 유료 버전을 결제할 수 있습니다.

'키네마스터' 프로젝트 초기 화면

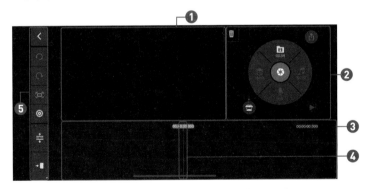

① 미리보기 화면 창: 편집 중인 프로젝트를 확인할 수 있습니다.

② 편집 메뉴: 각종 기능이 모여 있는 메뉴입니다. 사진이나 영상을 불러오거나 오디오나 자막을 추가하는 등과 같은 기능을 이 메뉴에서 선택합니다.

③ 타임라인: 편집에 사용하는 영상과 사진 클립이 놓이는 곳입니다. 오디오나 자막 클립도 이 메뉴에 표시됩니다.

④ 플레이헤드: 편집하거나 재생하려는 지점을 정할 수 있습니다.

⑤ 도구 메뉴: 프로젝트를 관리할 수 있는 메뉴입니다.

편집 메뉴

❶ **미디어**: 사진 및 영상을 불러옵니다.

❷ **오디오**: 음악 및 효과음을 적용합니다.

❸ **녹음**: 음성을 직접 녹음합니다.

❹ **레이어**: 영상 위에 사진이나 영상을 추가로 불러올 때나 자막이나 오디오를 추가할 때 이용합니다.

❺ **촬영**: 영상을 바로 촬영해 타임라인에 추가할 수 있습니다.

❻ **재생**: 편집 중인 프로젝트를 재생해 봅니다. 미리보기 화면 창에서 확인할 수 있습니다.

❼ **에셋 스토어**: 음악, 폰트 등 효과를 다운로드할 수 있습니다.

❽ **내보내기 및 공유**: 영상을 편집한 후 저장합니다.

도구 메뉴

❶ **프로젝트 나가기**: 편집 중인 프로젝트에서 벗어나 시작 화면으로 돌아갑니다.

❷ **실행 취소**: 방금 실행한 동작을 되돌립니다.

❸ **다시 실행**: 실행 취소했던 동작을 다시 실행합니다.

❹ **이미지 캡처**: 현재 화면을 캡처합니다. 사진첩에 저장하거나 클립으로 바로 추가할 수도 있습니다.

❺ **프로젝트 설정**: 앱 설정을 변경합니다.

❻ **타임라인 확장**: 타임라인을 확대해 세밀하게 편집할 수 있습니다.

❼ **건너뛰기**: 프로젝트의 맨 앞과 뒤로 이동합니다.

'멸치(Melchi)' 앱을 이용하면 기본으로 제공되는 템플릿으로 내용과 이미지만 수정해 영상을 쉽고 빠르게 완성할 수 있습니다. 모든 기능은 무료로 이용할 수 있습니다. 다양한 카테고리 내 수백 개의 템플릿 중 원하는 것을 선택해 활용해 보세요. 제작 완료된 영상은 사진첩에 자동 저장되며, '멸치 앱'의 '내 보관함' 메뉴에서 이미 작업했던 영상을 수정할 수도 있습니다.

▲ '멸치' 앱 로고

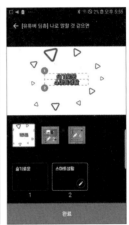

▲ '멸치' 앱 이용 화면

주요 카테고리 소개

- **브이로그**: 브이로그 감성의 오프닝, 클로징 영상 템플릿이 제공됩니다.
- **유튜브 오프닝**: 다양한 콘텐츠의 오프닝 영상으로 사용할 수 있는 템플릿이 제공됩니다.
- **유튜브 클로징**: 유튜브 최종 화면을 구성할 수 있는 클로징 영상 템플릿이 제공됩니다.
- **유튜브 범퍼영상**: 영상에서 컷과 컷 사이에 분위기 전환용으로 활용할 수 있는 범퍼 영상 템플릿이 제공됩니다.
- **광고**: 제품, 브랜드, 사업체, 인물 등을 홍보할 수 있는 광고 영상 템플릿이 제공됩니다.
- **초대장**: 결혼, 돌잔치, 행사, 모임 등에 활용할 수 있는 초대 영상과 이미지 템플릿이 제공됩니다.

'브루(VREW)'는 인공지능 자막 앱으로, 영상의 음성을 인식해 자동으로 자막을 생성합니다. 아이폰과 안드로이드에서 모두 다운로드 가능하며 PC버전을 사용할 수도 있습니다. 다만 안드로이드용 앱은 아직 기본 기능만 지원하고 있어(2022년 7월 기준) 추후 다양한 기능 업데이트를 기대해야 합니다.

▲ '브루' 앱 로고

아이폰용 앱이나 PC버전에서는 회원으로 가입해야 영상 길이에 상관 없이 무제한으로 음성 인식을 이용할 수 있고, 영상의 완성본에 있는 'VREW' 마크도 삭제할 수 있습니다. 한국어, 영어, 스페인어, 일본어, 중국어(번체)의 5개 언어가 제공됩니다. 음성 인식 기능을 이용해 자막을 자동으로 생성하고 잘못된 부분은 직접 수정하면 됩니다. 자막의 글씨 모양, 크기와 위치 등도 설정할 수 있고, 테두리나 그림자 등을 넣어 꾸밀 수도 있습니다. 영상에 음악을 삽입하거나 음성 인식된 자막을 다른 언어로 번역하는 기능도 제공합니다.

▲ '브루' 앱 화면(좌)과 PC 버전 화면(우)

TIP 자세한 사용법은 110쪽을 참고하세요.

어떤 유튜버가 되려고 하는가?

> ⊘ **CHECK POINT**
> ◯ 유튜브 소재 찾기
> ◯ 내 채널의 타깃 정하기
> ◯ 영상의 제작 방식과 종류 선택하기

"제 꿈은 전 세계 사람이 자신의
이야기를 할 수 있는 기회를 제공
하는 것입니다."

– 유튜브 CEO / 수잔 보이치키

▶ '유튜버(Youtuber)'는 유튜브(Youtube) 플랫폼에서 본인의 영상을 업로드하면서 채널을 운영하는 사람을 가리키는 말로, '유튜브 크리에이터'라고 부르기도 합니다.

구글(Google) 계정만 있으면 누구나 유튜버가 될 수 있습니다. 돈 한 푼 들이지 않고 아주 손쉽게 유튜버가 될 수 있는 것이죠! 영상 제작에 익숙하지 않아 아직은 유튜버가 될 수 없다고 생각하고 있나요? 스마트폰으로 영상을 촬영하고, 그 영상을 채널에 업로드할 줄만 알아도 유튜버가 되기에 충분합니다.

유튜버가 되는 데 영상 편집 실력을 기르는 것보다 중요한 것이 있습니다. 바로 '어떠한 유튜버가 되려고 하는가?'라는 고민입니다. 어떤 소재를 어떻게 다룰 것인지, 누구에게 어떤 메시지를 전달할 것인지 생각해 보세요. 유튜브 최고 경영자인 수잔 보이치키의 말처럼, 유튜브는 여러분의 이야기를 전 세계 많은 사람과 공유할 수 있는 세상입니다. 여러분도 유튜버가 될 수 있다는 뜻입니다!

콘텐츠 종류 및 채널 방향성 기획하기

STEP 01

01 내가 좋아하는 소재를 찾자

막연히 유튜브를 시작하고 싶다는 생각만 갖고 있을 뿐, 어떤 콘텐츠를 어떻게 만들어야 할지 감이 잡히지 않는다는 사람이 많습니다. 소위 '대박'을 칠 수 있는 소재를 고민하다가 정작 아무것도 시작하지 못하는 경우도 많죠. 첫걸음부터 이렇게 막히는 이유는 '다른 사람이 좋아하는' 콘텐츠를 만들려고 하기 때문입니다. 하지만 유튜버 생활을 지속하기 위해서는 '내가 좋아하는' 콘텐츠를 제작해야 합니다.

700만 명의 구독자를 보유한 'What's Inside?' 채널은 제목처럼 '( ) 안에 무엇이 들어 있는지' 보여줍니다. 이 콘텐츠는 아들의 학교 숙제를 돕는 데서 출발했습니다. '스포츠 공 안에는 무엇이 들어 있을까?'라는 실험을 하며 즐거움을 느꼈고, 그 즐거움을 사람들과 공유하기 위해 유튜브를 시작했습니다.

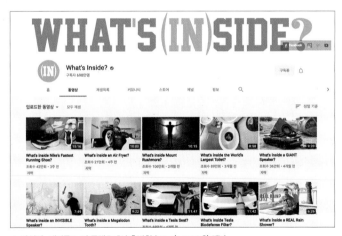

▲ 자신이 재미를 느낀 콘텐츠에서 출발한 'What's Inside?' 채널

이번에는 1,700만 명이 구독하고 있는 'Unbox Therapy' 채널을 살펴보겠습니다. 채널명에서 알 수 있듯이 언박싱 콘텐츠를 제작합니다. 언박싱 콘텐츠는 매우 흔한데, 이 채널은 왜 이렇게 인기가 있

을까요? 여러 이유가 있겠지만 자신이 좋아하는 것, 멋지고 유용한 제품을 사람들에게 알려 주고 싶은 마음이 느껴지기 때문이라고 생각합니다. 박스를 신나게 뜯으면서 흥분한 목소리로 제품을 설명하는 모습을 보면 덩달아 유쾌해집니다. 콘텐츠를 만들 때의 에너지가 화면 밖까지 고스란히 전해진다는 점이 이 채널의 큰 장점입니다.

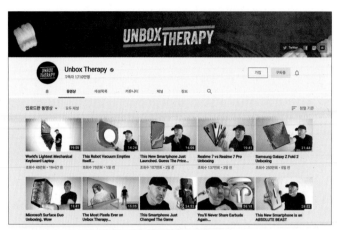

▲ 콘텐츠 제작자의 열정이 느껴지는 'Unbox Theraphy' 채널

이렇게 자신이 좋아하는 소재로 콘텐츠를 만들어야 영상을 지속적으로 제작하고 업로드할 수 있습니다. 조회수나 구독자 수에 집착하지 않고 콘텐츠 제작 자체를 즐길 수 있기 때문입니다. 만약 '잘하는 것'과 '좋아하는 것' 중 어떤 소재로 콘텐츠를 제작할지 고민하고 있다면 좋아하는 것을 선택하라고 권하고 싶습니다.

02 타깃을 확실히 정하자

어린이용 장난감을 소개하는 영상을 본 적 있나요? 대부분 10분에 가까운 시간 동안 장난감만을 비춘 후 구성품을 보여 주고 그것으로 할 수 있는 놀이를 시연합니다. 사람도 등장하지 않고, 설명도 하지 않으며, 촬영 구도도 단조롭습니다. 효과도 거의 적용돼 있지 않고요. 얼핏 보면 아마추어가 만든 영상처럼 보이지만, 해당 콘텐츠의 조회수와 채널 구독자 수를 보면 '억' 소리가 납니다,

▲ 어린이용 장난감 소개 영상

이런 장난감 콘텐츠는 타깃이 매우 명확합니다. 타깃에 따른 콘텐츠 전략은 다음과 같습니다.

전략 ❶ 언어 능력이 아직 발달하지 않은 미취학 아동이 즐겨 보는 콘텐츠이므로 자막을 사용하면 오히려 시청에 방해가 된다.

전략 ❷ 언어를 사용하지 않으므로 전 세계 아이들이 시청할 수 있다.

전략 ❸ 직접 장난감을 가지고 노는 것처럼 대리만족을 느끼게 해야 한다. 편집 효과를 과감히 생략해 눈앞에 실제 장난감이 있는 것처럼 느낄 수 있다.

이처럼 영상 콘텐츠와 채널의 타깃을 정확히 설정하는 것은 매우 중요합니다. '모두를 위한 영상'보다는 나의 감성과 아이디어에 공감하는 사람, 즉 타깃 시청자가 누구인지를 분석한 후 콘텐츠를 제작해야 채널을 효과적으로 운영할 수 있습니다.

03 가장 효율적인 제작 방식을 선택하자

유튜브 채널을 지속적으로 운영하는 데 가장 중요한 요소는 '제작의 효율성'입니다. 영상 촬영·편집 기술을 익혀 영상의 완성도를 높이는 것도 중요하지만, 완성도를 높이는 것에 너무 많은 시간과 비용을 투자하다 보면 지치기 마련입니다. 그러면 콘텐츠를 꾸준히, 즐거운 마음으로 제작하기 어렵습니다. 또한 영상의 퀄리티가 아무리 좋더라도 유튜브 채널에 업로드되는 주기가 너무 길면 채널이 성장하는 데 한계가 있습니다.

'제작의 효율성'을 확보하기 위해서는 영상 제작 프로세스에서 '포기해야 할 것'과 '반드시 포함할 것'을 구분해야 합니다. 예를 들어 자신의 생활 노하우를 전달하는 콘텐츠를 제작할 경우, 감각적인 영상 효과나 화면 전환에 집중할 필요는 없습니다. 오히려 한 명만 등장해 정보를 정확하게 전달하는 것이 좋습니다. 카메라를 고정해 단순한 구도로 촬영하고, 핵심 자막 몇 가지만 삽입하는 등 영상 제작에 필요한 시간과 에너지를 절약하는 것을 추천합니다. 시청자는 콘텐츠의 내용에 좀 더 집중할 수 있고, 제작자는 지치지 않고 다음 영상도 꾸준히 기획할 수 있기 때문입니다.

자신이 만들고자 하는 콘텐츠의 방향을 확실히 정하고, 영상의 퀄리티를 높일 수 있는 요소가 '영상 기술'인지 '내용 그 자체'인지 먼저 파악해야 합니다. 그리고 불필요한 요소는 제작의 효율성을 위해 과감히 포기할 수 있어야 합니다.

영상 콘텐츠의 종류에는 무엇이 있을까?

01 브이로그

'브이로그(Vlog)'는 '비디오(Video)'와 기록한다는 뜻의 '로그(Log)'를 합성한 말입니다. 2000년대 초반 인터넷이 대중화되면서 텍스트와 사진 위주의 블로그가 유행하기 시작했습니다. 이때에도 일상생활을 영상으로 담는 브이로그가 존재했지만, 폭발적으로 인기를 얻기 시작한 것은 2010년대 중·후반부터입니다.

스마트폰 보급률 증가와 인터넷 속도 상승으로 인해 언제 어디에서나 동영상을 촬영할 수 있게 됐고, 실시간 송출이 가능해졌기 때문입니다. 또한 텍스트나 사진 위주로 정보를 검색하던 사람들이 점차 동영상을 이용해 정보를 찾아보기 시작했습니다.

1인 방송 콘셉트로 카메라 앞에서 이야기를 늘어놓는 브이로거도 있지만, 자신의 일상생활을 셀프 또는 1인칭 시점으로 자연스럽게 촬영하는 브이로거들도 많습니다. 실외 촬영 시에는 행인들의 초상권을 침해할 우려가 있으므로 사전에 동의를 구하거나 편집 과정에서 사람들의 모습을 모자이크로 가리는 것이 좋습니다.

유튜브에 자신의 일상을 담는 브이로그들이 많은 이유는 무엇일까요? 타인의 삶에 관심이 있는 인간의 욕망을 충족시켜 주기 때문이 아닐까요?

02 튜토리얼

요즘은 오프라인이 아니라 온라인으로도 자신에게 필요한 지식과 정보를 활발하게 얻곤 합니다. 그중에서도 유튜브를 통해 노하우를 습득하는 사람들이 많습니다. 유튜브에 사용법을 설명해 주는 영상인 '튜토리얼'이 많은 비중을 차지하는 것을 보면 이런 변화를 체감할 수 있습니다. 나만의 노하우를 '튜토리얼' 영상으로 제작해 공유하는 것은 어떨까요? 전문적인 지식이 아니더라도 누군가에게는 매우 유용한 정보가 될 수 있습니다.

03 제품 리뷰와 언박싱

유튜브에서 제품 리뷰 영상을 보다 보면 '언박싱(Unboxing)'이라는 말을 자주 만날 수 있습니다. 언박싱은 '개봉기'라는 뜻으로, 어떤 제품을 구매한 후 박스를 뜯지 않은 상태로 제품을 리뷰하는 것을 의미합니다. 시청자들은 언박싱 영상을 보며 마치 내가 제품을 직접 구매해 박스를 뜯는 것과 같은 대리만족을 경험합니다.

요즘에는 언박싱 리뷰 형식으로 제품 광고를 의뢰하는 경우도 많습니다. 제품을 구매하기 전, 유튜브에 해당 키워드를 검색하는 사람이 늘어났기 때문입니다. 누군가가 사용해 본 솔직한 후기는 제품을 구매할 때 큰 영향을 미치므로 자연스러운 광고를 요청하는 일이 많습니다. 단, 광고나 협찬 영상의 경우 반드시 해당 내용을 명시해야 합니다.

04 오디오 콘텐츠

유튜브는 영상 파일이 업로드되는 플랫폼이지만, 때로는 오디오를 전달할 목적으로 영상을 제작해 공유하기도 합니다. 대표적인 예로 '잠이 안 올 때 듣는 음악', '책 읽어 주는 남자', 'ASMR' 등을 들 수 있습니다. 이러한 영상의 분량은 긴 편이지만, 특별한 편집 과정을 거치지 않고 처음부터 끝까지 이미지 한 장만 넣거나 같은 장면을 반복해 넣는 경우가 많습니다. 장면보다는 소리를 전달하기 위한 오디오 전용 콘텐츠이기 때문입니다.

내 콘텐츠와 채널 방향 설정하기

소재	• 내가 관심을 갖고 있는 소재는 무엇인가?
타깃 시청자	• 내 콘텐츠를 검색하고, 채널을 구독하게 될 타깃 시청자는 누구인가?
제작 방식	• 시간과 비용 부담 없이 콘텐츠를 제작할 수 있는 방법은 무엇인가?

대표 예제로 마스터하는
키네마스터 영상 편집

브이로그, 여행 영상, 리뷰 영상 등
우리가 만드는 영상의 종류는 정해져 있습니다.
필수 예제를 따라하며 영상 편집 실력을 길러 봅시다.

DAY 04 일상을 담는 행복, 나도 브이로거!

DAY 05 나만의 노하우를 전달하는 튜토리얼 영상

DAY 06 협찬 대비! 제품 언박싱 영상

DAY 07 세로로 즐기는 노래 커버 영상

DAY 08 감각적인 '핫플' 소개 영상

일상을 담는 행복,
나도 브이로거!

⊘ **CHECK POINT**

◯ 사진칩에 보관돼 있는 사진과 영상들 이용해 영상 제작하기

◯ 내레이션을 녹음해 삽입하기

◯ 분위기에 어울리는 배경 음악 삽입하기

말하는 강아지
에드왈의
V-log

▶ 누구나 쉽게 접할 수 있는 '브이로그(V-Log)' 영상! 브이로그는 일상을 기록하는 것이기 때문에 누구나 자기만의
콘텐츠를 쉽게 만들 수 있다는 장점이 있습니다.

완성 영상 미리 보기 ▶

기획 노트

STEP 01

영상 소재	러블리 푸들, 에뜨왈의 일상 브이로그
영상 콘셉트	강아지를 의인화한 내레이션과 이에 어울리는 사진 또는 영상으로 강아지의 일상을 소개
영상 구성	내레이션 + 사진 + 영상 + 음악
촬영 장비	스마트폰(기존에 촬영한 사진 또는 영상 중에서 선별)
촬영 장소	일상 속에서 발길이 닿는 곳 어디든지(기존에 촬영한 사진 또는 영상 중에서 선별)
제작 프로세스	❶ 영상의 소재 구상하기 ❷ 내레이션 대본 작성하기 ❸ 대본에 어울리는 사진 또는 영상 선별하기 ❹ 내레이션 녹음하기 ❺ '키네마스터' 앱을 이용해 분위기에 어울리는 음악 삽입하기 ❻ 내레이션에 맞춰 장면(사진 또는 영상) 삽입하기 ❼ 영상 저장하기
사용 프로그램	• 스마트폰 메모 앱 • 영상 편집 앱 '키네마스터'

STEP 02 영상 기획 및 구성

01 스마트폰에 저장된 사진으로 영상 기획하기

▲ 포화 상태인 스마트폰 사진첩

필름 카메라를 사용하던 시절에는 한 컷 한 컷을 신중하게 촬영해야 했습니다. 또한 캠코더로 영상을 촬영하고자 할 때도 녹화 테이프의 분량이 제한적이었기 때문에 계획을 미리 세워야 했습니다. 하지만 디지털 시대를 넘어 모바일 시대로 접어든 요즘에는 스마트폰 카메라로 일상을 아무런 제한 없이 기록할 수 있게 됐습니다.

그러다 보니 스마트폰에 저장된 사진들은 계속 늘어납니다. 많은 사진이나 영상 중 원하는 것을 찾아보기도 어려워집니다. 사진을 보관하기는 어렵고 지우기도 아깝다면 영상으로 만들어 두는 것은 어떨까요? 사진을 주제별로 편집해 영상으로 만들어 놓으면 나만의 멋진 추억을 만들 수 있겠죠?

우선, 어떤 주제로 영상을 제작할지 고민해 봅니다. 저는 제 사진첩의 많은 부분을 차지하는 반려견 '에프왈'의 사진과 영상을 활용해 보려고 합니다.

02 대본 작성하고 내레이션 녹음하기

이미 촬영해 둔 사진과 영상을 활용해 영상을 제작할 예정이므로 사진, 영상과 내레이션을 적절히 배치해 보겠습니다. 다음과 같은 과정으로 영상을 구성해 보세요.

❶ 스토리에 맞는 내레이션 짜기
❷ 내레이션에 맞는 사진과 영상 삽입하기

❸ 분위기와 어울리는 음악 삽입하기

가장 먼저 내레이션의 대본을 작성합니다. 저는 스마트폰 메모 앱을 활용했습니다. 대본을 작성한 후에는 계속 읽어 보면서 어색한 부분이 있는지 확인하고 수정합니다.

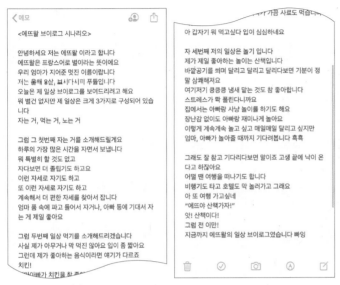

▲ 내레이션 대본 작성

대본을 작성했다면 녹음을 해야 합니다. 녹음을 할 때는 가급적 조용한 곳을 선택하는 것이 좋습니다. 별도의 외장 마이크를 이용하면 훨씬 깨끗한 음질의 오디오를 얻을 수 있습니다.

녹음 방식은 다음 3가지 중에서 선택할 수 있습니다.
❶ 별도의 녹음 앱 활용하기
❷ '키네마스터' 앱의 녹음 기능 활용하기
❸ 영상 촬영으로 녹음한 후 오디오만 추출해 활용하기

이번 시간에는 ❸의 방식을 이용하겠습니다.

오디오를 녹음할 때는 [촬영]을 누른 후 몇 초의 간격을 두고 내레이션을 시작해야 합니다. 녹음을 끝낼 때도 말을 마친 후 바로 [정지]를 누르지 말아야 합니다. 편집할 때 필요에 따라서 얼마든지 잘라 낼 수 있으므로 앞뒤로 충분한 시간을 두는 것이 좋습니다.

저자의 영상 강의를 시청하여 내레이션 녹음 방법을 더 쉽게 익혀 보세요. ▶

편집 준비

STEP 03

먼저 내레이션의 내용을 바탕으로 사진첩에서 영상에 삽입할 사진과 영상을 선택합니다. 선별한 사진과 영상은 따로 모아 둬야 편집할 때 헷갈리지 않습니다. 사진첩에 하나의 폴더를 생성해 따로 넣어 두세요.

▲ 영상 편집에 사용될 사진 및 영상을 모아 앨범 생성

TIP 사진이나 영상을 대본의 문장 단위로 추려 내면 편집할 때 더욱 편리합니다.

잠깐만요 효율적인 작업을 위해 폴더 생성하기

필요한 사진과 영상을 한 폴더에 모아 두면 훨씬 효율적으로 편집할 수 있습니다.
사진첩에서 사진이나 영상을 꾹 눌러 선택한 후 [앨범에 추가(아이폰)] 또는 [앨범에 복사 / 앨범으로 이동(안드로이드)]을 누르면 새로운 앨범을 생성할 수 있습니다.

영상 편집

STEP 04

QUICK STEP 처음에 나올 사진이나 영상 2~3개 불러오기 ▶ 내레이션 영상에서 오디오만 추출하기 ▶ 분위기에 어울리는 음악 삽입하기 ▶ 내레이션의 내용에 맞는 사진이나 영상 삽입하기 ▶ 배경 음악을 자연스럽게 이어 붙이고 영상을 사진첩으로 내보내기

무작정 따라하기 01 | 처음에 나올 사진이나 영상 2~3개 불러오기

1 '키네마스터' 앱의 '만들기' 메뉴에서 새로운 프로젝트를 '16:9' 비율로 생성합니다.

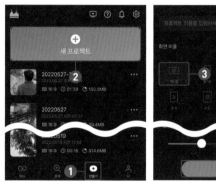
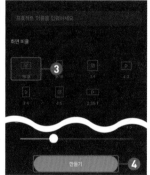

2 [미디어]( )를 누르고 영상의 첫부분에 들어갈 사진이나 영상 2~3개 정도를 선택해 타임라인에 불러옵니다.

3 플레이헤드를 타임라인의 맨 앞에 둔 후 [레이어]( ) – [미디어]( )를 누릅니다. 내레이션 녹음 영상을 가져옵니다.

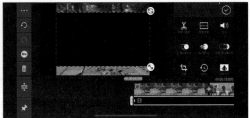

> **TIP** 본 영상이 아니라 내레이션으로 사용될 부분이기 때문에 '레이어'로 불러와야 합니다. 이렇게 내레이션 녹음을 '레이어'로 불러오기 위해서는 타임라인에 미리 불러온 사진이나 영상이 있어야 합니다.

무작정 따라하기 02 **내레이션 녹음 영상에서 오디오만 추출하기**

1 내레이션을 녹음하기 위해 촬영한 영상 클립을 선택한 후 메뉴의 맨 아래쪽에 있는 [오디오 추출]( )을 눌러 비디오와 오디오를 분리합니다.

2 오디오만 필요하므로 비디오 클립을 선택해 삭제합니다.

1 음악을 삽입하기 위해 플레이헤드를 타임라인의 맨 앞에 놓은 상태에서 [오디오](🎵)를 누릅니다. '키네마스터' 앱에서 제공하는 음악을 활용해 보겠습니다. 오른쪽 상단에 있는 [에셋 스토어](🎛️)를 누릅니다.

2 [에셋 스토어](🎛️)에 있는 음악 중 저작권 걱정 없이 무료로 사용할 수 있는 것을 찾아봅니다. 'Premium' 표시가 없는 것을 이용하면 됩니다. 마음에 드는 음악을 [다운로드]하면 [설치됨]이라고 표시됩니다. ⊗를 눌러 [에셋 스토어](🎛️)를 빠져나옵니다.

TIP [재생](▶)을 누르면 음악을 미리 들어볼 수 있고, 제목을 누르면 음악에 대한 세부 정보를 확인할 수 있습니다.

3 [음악] 목록에 다운로드한 음악이 나타납니다. ●를 눌러 타임라인에 오디오 클립을 추가하세요.

4 음악이 내레이션을 방해하면 안 됩니다. 음악 클립을 선택한 후 [믹서](🔊)를 눌러 볼륨을 낮게 조절합니다.

무작정 따라하기 04 **내레이션의 내용에 맞는 사진이나 영상 삽입하기**

1 내레이션을 처음부터 재생해 보면서 사진의 길이를 내용에 맞춰 조절합니다. 본격적인 내레이션이 시작되기 전에 음악만 나올 때는 첫 번째 사진, 내레이션이 시작되면 두 번째 사진이 나타나도록 해 보겠습니다. 첫 번째 사진을 선택한 상태에서 플레이헤드를 내레이션 오디오 클립의 음파가 시작되는 부분에 맞춘 후 [트림/분할](✂) – [플레이헤드의 오른쪽을 트림]을 누릅니다. 첫 번째 사진의 길이가 줄어든 것을 확인할 수 있습니다.

> **TIP** 오디오 클립의 음파를 보면 소리가 언제 커지고 작아지는지 쉽게 확인할 수 있습니다.

2 사진에 움직임을 주기 위해 [팬&줌](🔲)을 누릅니다.

3 '시작 위치'는 사진이 처음 나타날 때의 장면, '끝 위치'는 사진이 마지막으로 보일 때의 장면입니다. 각각을 눌러 미리보기 화면에서 손가락을 움직여 봅니다. 상하좌우로 이동하거나 확대, 축소해 보세요.

TIP 여기서는 첫 번째 사진이 위에서 아래로 움직이는 것처럼 보이도록 설정했습니다.

4 두 번째 사진의 길이도 내레이션의 내용에 맞춰 조절합니다.

5 [팬&줌](🔳) 메뉴에서 '시작 위치'와 '끝 위치'를 각각 조정합니다.

TIP 다음 장면의 사진도 계속 삽입하며 길이를 조정하고 장면의 움직임을 설정합니다.

6 이번에는 영상을 삽입해 보겠습니다. 우선 영상 중 어느 구간을 사용할지 확인합니다. 영상의 중간 부분을 삽입한다면, 원하는 부분의 시작점에 플레이헤드를 두고 [트림/분할](🔲) - [플레이헤드의 왼쪽을 트림]을 누릅니다.

7 원하는 부분의 끝 지점에 플레이헤드를 두고 [트림/분할](🔲) - [플레이헤드의 오른쪽을 트림]을 누릅니다. 그러면 영상의 중간 부분만 남습니다.

8 영상을 빠르게 재생해야 하는 경우가 있습니다. 예를 들어, 필요한 영상의 길이는 3초인데 넣고 싶은 영상은 9초일 때는 영상 클립을 선택한 후 [속도](🔘)를 눌러 '3'으로 설정합니다.

무작정 따라하기 05 │ 배경 음악을 자연스럽게 이어 붙이고 영상을 사진첩으로 내보내기

1 음악의 길이가 영상보다 짧아 음악이 먼저 끝났을 경우, 오디오 클립을 복제해 음악이 계속 이어지는 것처럼 편집해 보겠습니다. 오디오 클립을 선택한 후 •••를 눌러 [복제](🔳 복제)를 선택합니다.

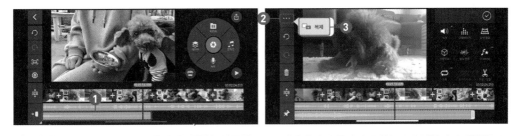

▸ **TIP** 음악을 반복하기 위해 [오디오] 메뉴의 [반복] 기능을 사용할 수도 있지만, 그렇게 하면 음악이 끝났다가 다시 시작되는 것처럼 들립니다.

2 음악 클립이 같은 위치로 복제됩니다. 클립을 꾹 누르고 음악이 완전히 끝나기 전으로 옮깁니다. 재생하면서 음악이 자연스럽게 이어지도록 클립의 위치를 조절합니다.

3 영상에서 특정 장면을 멈춘(hold) 상태로 설정하고 싶을 때는 원하는 장면에서 [트림/분할](🔲) − [정지화면 분할 및 삽입]을 누릅니다.

4 영상의 마지막 장면을 정지 화면으로 설정하기 위해 영상이 정지된 이후 다시 재생되는 영상 클립을 선택해 삭제했습니다.

5 내레이션의 내용에 맞게 장면을 구성했다면 💠를 눌러 전체 클립의 구성을 확인하면서 재생해 봅니다. 내레이션과 타이밍이 잘 맞는지 꼼꼼히 확인합니다.

6 화면 왼쪽에 있는 [프로젝트 설정](⊙)을 눌러 '오디오 페이드 인/아웃', '비디오 페이드 인/아웃'을 설정합니다.

▶ **TIP** '오디오 페이드 인/아웃'은 영상의 처음과 끝에서 소리가 점점 커지거나 작아지게 설정하는 것, '비디오 페이드 인/아웃'은 영상이 검은 화면에서 시작하고 검은 화면으로 끝나도록 설정하는 것입니다.

7 편집을 마쳤다면 [내보내기 및 공유](⊡)를 누른 후 해상도를 'FHD 1080p', 프레임레이트를 '30'으로 설정하고 [내보내기]를 누릅니다.

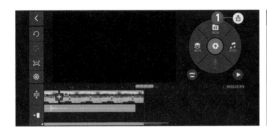 

8 [내보내기]가 완료되면 다시 [내보내기 및 공유] 설정 창으로 돌아옵니다. 저장된 파일명이 오른쪽 위에 표시될 것입니다. 사진첩으로 돌아가 영상이 제대로 저장됐는지 확인해 봅니다.

나만의 노하우를 전달하는
튜토리얼 영상

키네마스터로
썸네일 만들기

국내1호 스마트프로듀서 트루팍

▶ 영상 촬영부터 편집까지 혼자 진행하는 '1인 미디어' 제작자에게 가장 중요한 것은 '제작의 효율성'입니다. 영상 한 편에 너무 많은 시간과 비용을 투자하면 콘텐츠를 지속적으로 제작하기 어렵기 때문이지요. 바쁜 일상 속에서 영상을 꾸준히 업로드하기 위해 언제 어디서든 촬영하고 편집할 수 있는 효율적인 제작 방식을 소개합니다.

완성 영상 미리 보기 ▶

기획 노트

STEP 01

영상 소재	'키네마스터' 앱으로 유튜브 썸네일 만드는 방법 소개
영상 콘셉트	썸네일 제작 방법을 설명하는 모습과 함께 실제 제작 화면 보여 주기
영상 구성	인사 및 영상 내용 소개 - 범퍼 영상 - '키네마스터' 앱과 'Background Eraser' 앱을 활용해 유튜브 썸네일 이미지를 만드는 과정 설명하고 마무리하기
촬영 장비	스마트폰 2대, 미니 삼각대 1대, 셀카봉 1대, 유선 마이크 1대
촬영 장소	배경이 깔끔하고 소음이 심하지 않은 공간

제작 프로세스

❶ 소개하고자 하는 주제 및 내용 구상하기

❷ 설명 과정 정리하기

❸ 스마트폰 2대를 준비해 1대는 셀프 촬영, 나머지 1대는 스마트폰 화면 녹화하기

❹ '키네마스터' 앱을 이용해 2개 영상의 싱크를 맞춘 후 장면을 편집하고 자막 및 오디오 삽입하기

❺ 최종 영상 저장하기

사용 프로그램

• 영상 편집 앱 '키네마스터'

• 이미지 배경 삭제 앱 'Background Eraser'

STEP 02 촬영 준비

바쁜 일상 속에서 영상을 지속적으로 제작하기 위해서는 언제 어디서든 촬영할 수 있는 준비를 갖추는 것이 좋습니다. 좋은 아이디어가 떠올랐을 때, 적당한 장소를 찾았을 때, 여유 시간이 생겼을 때 바로 촬영할 수 있기 때문이지요.

1 촬영 조건

❶ 조용하고 배경이 깔끔한 곳이면 언제 어디서든 촬영 가능
❷ 배경이 적절하지 않은 경우 → 휴대용 크로마키 배경이 있으면 촬영 가능
❸ 소음이 있는 경우 → 지향성 마이크가 있으면 촬영 가능

2 촬영에 필요한 기본 장비

❶ 미니 삼각대와 홀더
❷ 유선 마이크
❸ 셀카봉
❹ 스마트폰

▲ 미니 삼각대　　　　　　▲ 스마트폰 홀더

▲ 유선 마이크　　　　　　▲ 셀카봉

영상 촬영

STEP 03

테이블에 미니 삼각대, 셀카봉, 유선 마이크를 세팅한 후 흰색 벽을 배경으로 촬영했습니다. 특별한 경우가 아니라면 단색 배경 앞에서 촬영하는 것이 좋습니다.

▲ 삼각대와 셀카봉, 유선 마이크를 활용해 촬영

인물을 촬영하는 스마트폰 1대(이하 스마트폰 1) 외에 추가로 스마트폰 1대(이하 스마트폰 2)를 들고 앱을 조작했습니다. 이 화면을 녹화한 후 편집 과정에서 자료 화면으로 사용할 예정입니다. 즉, 설명하는 인물을 촬영한 영상과 실제 조작 화면을 녹화한 영상을 사용합니다.

2개의 영상이 사용되므로 영상의 싱크를 맞추는 것이 중요합니다. 시작 부분의 싱크를 쉽게 맞추려면 스마트폰 1의 촬영을 먼저 시작해 스마트폰 2의 [화면 녹화]를 누르는 장면을 스마트폰 1의 촬영 영상에 기록하는 것이 좋습니다.

또한 중간에 NG가 나더라도 스마트폰 1과 2 모두 촬영 및 녹화를 중단하지 않습니다. 일시 정지하는 경우 싱크가 미세하게 어긋나기 때문입니다. NG가 났다면 잠시 대사를 멈췄다가 계속 진행하고, 편집 과정에서 그 부분만 잘라 내면 됩니다.

영상 편집

STEP 04

QUICK STEP 2개 영상의 싱크를 맞춘 후 하나로 합치기 ▶ 불필요한 부분 잘라 내고 장면을 추가 삽입하기 ▶ 스마트폰 조작 화면에서 동그라미 표시하기 ▶ 필요한 구간에 텍스트 넣기 ▶ 영상의 도입과 마무리 부분에 음악 넣기

무작정 따라하기 01 **2개 영상의 싱크를 맞춘 후 하나로 합치기**

1 '키네마스터' 앱의 '만들기' 메뉴에서 새로운 프로젝트를 '16:9' 비율로 생성합니다.

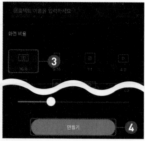

2 [미디어]( )를 눌러 스마트폰 1로 촬영한 영상을 타임라인에 불러옵니다.

3 영상이 조금 어둡습니다. 영상 클립을 선택한 후 [조정]( )을 누르고 값을 수정해 밝기를 조절합니다.

TIP 여기서는 밝기 '25', 대비 '25', 활기 '3', 하이라이트 '40', 그림자 '25'로 지정했습니다. 자신의 영상에 맞게 조절하면 됩니다.

4 [레이어](⬣) – [미디어](🖼️)를 눌러 스마트폰 2에서 녹화한 영상을 불러온 후 크기와 위치를 적절히 조절합니다.

5 스마트폰 2의 영상 클립을 잡고 뒤로 옮겨 스마트폰 1의 영상과 싱크를 맞춥니다. [녹화]를 누른 지점을 기준으로 시작점을 맞추세요.

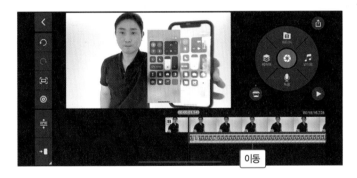

TIP 스마트폰 2 녹화 화면이 스마트폰 1 영상에서 설명하는 내용과 일치해야 하므로 두 영상의 싱크를 맞춰야 합니다.

6 도입부에는 스마트폰 2 화면이 필요하지 않으므로 [트림/분할](✂️) – [플레이헤드의 왼쪽을 트림]을 눌러 클립의 앞부분을 자릅니다.

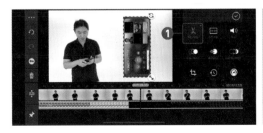 

7 '키네마스터' 앱의 화면을 보여 주는 구간에서는 스마트폰 2 화면이 가로로 보여야 합니다. 해당 부분의 시작 지점에서 스마트폰 2 클립을 [트림/분할](███) – [플레이헤드에서 분할]을 누르고 [회전/미러링]을 눌러 시계 방향으로 90도 회전합니다.

> **TIP** 스마트폰 2 화면이 가로로 보여야 하는 부분을 모두 찾아 이와 같은 방법으로 회전합니다.

8 썸네일 제작 방법을 설명한 후 스마트폰 2 영상 대신 완성된 썸네일 이미지를 띄워 놓겠습니다. 설명이 끝나는 지점에 플레이헤드를 두고 [트림/분할](███) – [플레이헤드의 오른쪽을 트림]을 누릅니다.

9 [레이어](███) – [미디어](███)를 눌러 이미지를 타임라인에 추가한 후 이미지 클립의 길이를 끝까지 늘입니다.

10 영상의 끝부분에서 썸네일 이미지가 오른쪽으로 서서히 사라지도록 해 보겠습니다. 효과가 시작되는 지점에 플레이헤드를 두고 [트림/분할](▨) – [플레이헤드의 오른쪽을 트림]을 누른 후 [아웃 애니메이션](▣) – [오른쪽으로 밀기]를 적용합니다.

11 스마트폰 2의 세로 화면에서 위아래의 불필요한 부분을 자릅니다. [크롭](▧)을 누르면 나타나는 테두리를 손으로 조절해 보세요.

12 특정 구간에 스마트폰 2 영상 대신 'Background Eraser' 앱 아이콘을 넣고자 합니다. [트림/분할](▨) – [플레이헤드에서 왼쪽을 트림]을 눌러 해당 구간의 스마트폰 화면 영상 클립을 잘라 내고 [레이어](▧) – [미디어](▨)를 눌러 미리 만들어 둔 'Backgroud Eraser' 아이콘의 이미지를 불러옵니다.

잠깐만요 'Background Eraser'로 이미지 배경 쉽게 없애기

① 'Background Eraser' 앱을 설치한 후 배경을 삭제하고자 하는 이미지를 준비합니다. 여기서는 앱 아이콘의 이미지를 얻기 위해 앱 설치 화면을 캡처했습니다.

TIP 안드로이드 폰을 사용하는 경우 사진 편집 '사진편집어플 - 사진 편집 & 배경지우기' 앱을 다운로드해 활용해 보세요.

② 'Background Eraser' 앱을 실행한 후 [Load a new Photo]를 선택합니다. 그런 다음 이미지를 불러오고 필요한 부분만큼 잘라 냅니다.

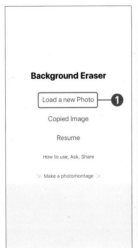
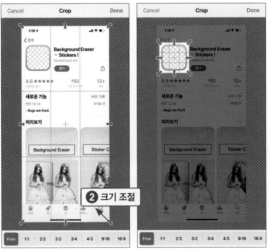

❸ [Auto]를 선택한 상태에서 없애고 싶은 배경을 누르면 해당 부분이 자동으로 지워집니다. 배경을 지운 후 [Done]을
누릅니다.

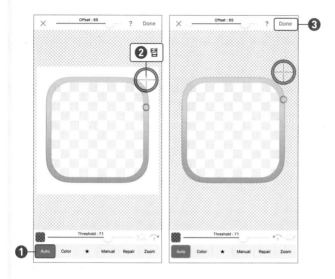

❹ 'Feather' 값을 올리면 이미지의 경계가 부드러워집니다. 원하는 만큼 조절한 후 [Save]를 눌러 저장하세요.

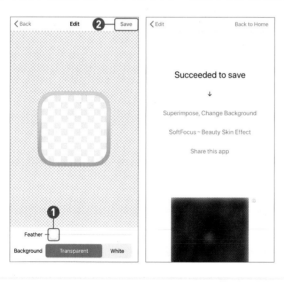

13 앱 아이콘 이미지의 크기와 위치를 적절히 조절한 후 [인 애니메이션](🔲) 효과를 [팝]으로 1초 적용합니다.

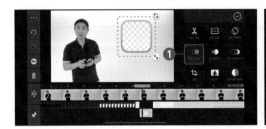 

TIP '키네마스터' 앱에 대해 설명한 부분에도 이와 똑같은 방법으로 앱 아이콘 이미지를 넣습니다.

14 아직 편집할 부분이 남아 있기는 하지만, 좀 더 효율적으로 편집하기 위해 현재까지 만든 프로젝트를 하나의 영상으로 만들어 놓습니다. [내보내기 및 공유](📤)를 누른 후 해상도를 'FHD 1080P', 프레임레이트를 '30'으로 설정하고 [내보내기]를 누릅니다.

무작정 따라하기 02 | **불필요한 부분 잘라 내고 장면을 추가 삽입하기**

1 '키네마스터' 앱에서 새로운 프로젝트를 '16:9' 비율로 생성한 후 [미디어](🖼)를 눌러 무작정 따라하기 01 에서 제작한 영상을 타임라인에 불러옵니다.

2 영상이 본격적으로 시작되는 지점에 플레이헤드를 두고 [트림/분할](🪚) – [플레이헤드의 왼쪽을 트림]을 눌러 필요 없는 부분을 잘라 냅니다.

3 중간중간 필요 없는 부분을 잘라 냅니다. 예를 들어, '00:08.016~00:08.482' 구간을 없애려면 '00:08.016'에서 [트림/분할](🪚) – [플레이헤드에서 분할]을 누른 후 '00:08.482'에서 [트림/분할](🪚) – [플레이헤드의 왼쪽을 트림]을 누릅니다.

4 본격적인 설명에 앞서, 완성된 썸네일 이미지를 크게 보여 주려고 합니다. 이미지를 삽입하려는 지점에 플레이헤드를 두고 [트림/분할](🪚) – [플레이헤드에서 분할]을 누릅니다. 그런 다음 [미디어](🖼)를 눌러 완성된 썸네일 이미지를 불러옵니다.

5 이미지 클립을 선택한 후 [팬&줌](🔲)을 누릅니다. ⬤를 눌러 '시작 위치'와 '끝 위치'를 같게 해준 후 미리보기 화면을 빠르게 두 번 누르면 이미지가 화면에 꽉 찹니다.

6 이미지가 나오는 시간에 맞춰 음성을 넣고자 합니다. [녹음]을 선택한 후 [시작]을 누르세요. 녹음이 완료되면 ✓를 누릅니다.

> **TIP** 앞뒤에 여유를 두고 녹음한 후 나중에 필요 없는 부분을 잘라 내는 것이 좋습니다.

7 음성 녹음은 보라색 클립으로 나타납니다. 오디오 클립 중 불필요한 부분은 잘라 내고, 이미지 클립의 길이도 녹음 클립의 길이에 맞게 조절합니다.

유튜브에서 '키네마스터 썸네일'이라고 검색하는 화면 녹화하기

아이폰의 화면을 오른쪽 위에서 왼쪽 아래 방향으로 쓸어내리면 나타나는 화면에서 [화면 기록](◉)을 누르면 3초 후에 스마트폰 화면 녹화가 시작됩니다.

* [화면 기록]이 보이지 않으면 [설정] 앱 - [제어 센터]에서 [제어 항목 사용자화] - [화면 기록] 항목을 추가하세요.

** 안드로이드폰의 경우, 최신 기종에는 화면 녹화 기능이 있습니다. 이 기능이 없다면 '모비즌 스크린 레코더'라는 화면 녹화 앱을 사용하면 됩니다.

화면이 녹화되고 있는 상태에서 유튜브 앱을 열어 '키네마스터 썸네일'이라고 검색한 후 검색된 영상 목록을 천천히 훑어 보는 것까지 녹화합니다. 왼쪽 상단의 시계가 빨간색으로 바뀐 것은 '녹화 중'이라는 표시인데, 이 부분을 누르면 화면 기 록을 중단할 수 있습니다. 저장된 영상은 사진첩에서 확인할 수 있습니다.

8 중간에 '멸치' 앱으로 만든 범퍼 영상을 삽입해 분위기를 환기시키고자 합니다. 원하는 지점에서 [미디어]()를 눌러 영상을 추가하세요.

TIP '범퍼 영상'은 짧은 순간에 인상적으로 메시지를 전달하는 영상을 뜻합니다. 108쪽을 참고해 범퍼 영상을 제작해 보세요.

9 혼자 촬영했으므로 [촬영 시작]과 [종료]를 누르는 모습을 편집 과정에서 잘라 내야 합니다. 마무리 인사가 끝난 지점에서 [트림/분할](■) – [플레이헤드의 오른쪽을 트림]을 누릅니다.

무작정 따라하기 03 | **스마트폰 조작 화면에서 동그라미 표시하기**

1 스마트폰 2 화면에서 눌러야 하는 버튼을 빨간색으로 표시해 보겠습니다. [레이어](●) – [손글씨](✎)를 눌러 원 도형을 선택한 후 색상을 빨간색으로 변경합니다.

2 원을 그린 후 위치와 크기를 조정하고 필요한 구간에만 도형이 나타나도록 클립의 길이를 조절합니다.

3 [애니메이션](⬛) – [느리게 깜박이기]를 적용합니다.

4 매번 새롭게 [손글씨]를 추가하는 것보다는 처음에 만든 도형을 복제해 활용하는 것이 효율적입니다. ⬛⬛ – [복제](⬛ 복제)를 누른 후 복제된 도형 클립을 필요한 구간으로 옮기고 크기와 위치를 각 화면에 맞게 조절하세요.

1 자기 소개 부분에 텍스트를 넣고자 합니다. [레이어](⊜) – [텍스트](T)를 눌러 텍스트를 입력한 후 크기와 위치를 조절합니다.

TIP 텍스트의 색상을 '진한 회색', 폰트를 '카페24 아네모네(Cafe24 Ohsquare)'로 설정했습니다.

2 텍스트를 비슷한 스타일로 넣기 위해 텍스트 클립을 선택한 후 ▦ – [복제]를 누릅니다. 그런 다음 복제한 텍스트를 아래쪽으로 옮깁니다.

3 ▦을 눌러 내용을 수정하고 ▦을 눌러 색상도 변경합니다. 그리고 영상에서 말하는 타이밍에 맞춰 순차적으로 등장하도록 클립의 앞을 잘라 냈습니다.

4 같은 방법으로 텍스트를 추가한 후 클립의 길이와 텍스트의 크기와 위치를 조절합니다.

5 이외에 추가 설명이 필요한 부분에도 [레이어](⬛) – [텍스트](T)를 눌러 텍스트를 추가하고
크기, 위치, 색상, 폰트 등을 설정합니다.

6 애니메이션 효과를 적용해도 좋습니다. 등장 효과인 [인 애니메이션](⬛)을 [왼쪽으로 밀기], 사
라질 때의 효과인 [아웃 애니메이션](⬛)을 [오른쪽으로 밀기]로 지정합니다.

7 같은 방법으로 필요한 부분에 텍스트를 추가합니다.

1 음악이 처음부터 재생되도록 영상의 시작 지점에 플레이헤드를 두고 [오디오]를 누릅니다. [에셋 스토어](⬛)에 접속해 '키네마스터' 앱에서 제공하는 음악을 다운로드해 봅시다.

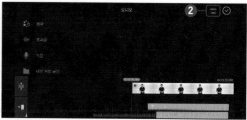

2 여러 가지 음악을 미리 들어보고 마음에 드는 음악을 [다운로드]합니다. [에셋 스토어](⬛)에서 빠져나오면 다운로드한 음악을 목록에서 확인할 수 있습니다. ⊕을 누르면 오디오 클립이 타임라인에 추가됩니다.

3 배경 음악이 설명하는 소리를 방해하지 않도록 [믹서](🔊)를 눌러 볼륨을 낮게 조절합니다.

4 범퍼 영상이 나타날 때 도입부 음악을 종료하겠습니다. 해당 지점에 플레이헤드를 두고 [트림/분할](▣) – [플레이헤드의 오른쪽을 트림]을 누릅니다.

5 같은 방법으로 영상의 끝부분에도 음악을 삽입하고 볼륨을 조절한 후 왼쪽의 ☰을 누릅니다. 타임라인이 넓어지면서 전체적인 클립의 구성을 확인할 수 있습니다. 실수한 부분은 없는지 다시 한번 확인합니다.

6 더 이상 편집할 것이 없다면 [내보내기 및 공유](▣)를 눌러 해상도를 'FHD 1080p', 프레임레이트를 '30'으로 설정하고 [내보내기]를 누릅니다.

협찬 대비!
제품 언박싱 영상

⊘ **CHECK POINT**

◯ 2대의 카메라로 영상 촬영하고 싱크 맞추기

◯ 인공지능 앱 이용해 자막 넣기

◯ 장면 사이의 분위기를 환기하는 '범퍼 영상' 넣기

▶ 유튜브에서 가장 쉽게 볼 수 있는 영상 중 하나는 바로 '제품 리뷰'입니다. 그중에서도 개봉 전 패키지나 택배 박스부터 함께 열어 보는 리뷰 방식을 '언박싱'이라고 합니다. 관심 있는 제품의 정보를 얻음과 동시에 새 제품을 열어 보는 기쁨까지 생생하게 느낄 수 있기 때문에 인기가 많습니다.

완성 영상 미리 보기 ▶

기획 노트

영상 소재	스마트폰 촬영용 보조 장비(미니 삼각대, 1인칭 거치대, 마이크, 광각 렌즈) 언박싱
영상 콘셉트	1인 방송 콘셉트로 직접 제품을 개봉하고 사용하며 소개
영상 구성	인사말 - 범퍼 영상 - 영상 제작 취지 소개 - 범퍼 영상 - 택배 박스 언박싱 - 제품 리뷰 - 끝인사 - 아웃트로 영상(좋아요와 구독 요청)
촬영 장비	스마트폰 2대, 삼각대, 셀카봉, 스마트폰 거치대, 마이크, 1인칭 거치대
촬영 장소	출장차 방문한 전주 한옥마을 숙소
제작 프로세스	❶ 스마트폰 2대로 동시 촬영 　• 메인 캠: 마이크를 연결하고 삼각대에 고정해 정면 풀샷 촬영하기 　• 서브 캠: 직접 들고 제품 디테일 샷 촬영하기 ❷ 본격적인 멘트를 시작하기 전에 촬영을 시작하고, 편집 시 싱크를 맞추기 위해 시작 전 박수치기
사용 프로그램	• 영상 편집 앱 '키네마스터' • 인공지능 자막 앱 '브루' • 템플릿 기반 영상 제작 앱 '멸치'

영상 촬영

STEP 02

01 피사체에 집중! 초점 고정하기

1인 방송 콘셉트로 촬영할 때 반드시 체크해야 할 사항은 바로 '초점 고정'입니다. 초점을 고정한 후 촬영하지 않으면 피사체가 움직일 때마다 노출과 초점이 바뀌기 때문에 영상의 질이 떨어집니다.

❶ **아이폰:** 화면에서 초점을 고정하려고 하는 피사체를 꾹 누르면 '자동 노출/초점 고정'이라는 문구가 나타납니다.

❷ **안드로이드폰:** [동영상 시작]을 눌러 녹화를 시작한 상태에서 피사체를 가볍게 탭합니다. 단, 최신 스마트폰의 경우 초점을 아이폰과 같은 방법으로 고정합니다.

▲ 아이폰 초점 고정 방법

▲ 안드로이드폰 초점 고정 방법

그런데 자신이 출연하는 모습을 혼자 촬영해야 하는 경우에는 초점을 어떻게 고정해야 할까요? 자신이 앉을 위치에 피사체를 하나 가져다 놓고 그 피사체에 초점을 고정합니다. [촬영]을 누르고 그 피사체가 놓인 위치에 앉으면 됩니다.

▲ 1인 촬영 시 초점 고정 방법

02 메인 캠과 서브 캠으로 나눠 촬영하기

준비를 마친 후 본격적인 촬영을 진행합니다. 2대의 카메라로 똑같은 영상을 2가지로 촬영하려고 합니다. 정면에 설치한 스마트폰(이하 메인 캠) 외에도 1대의 스마트폰을 추가로 준비해 서브 캠으로 활용해 보겠습니다. 서브 캠은 리뷰 제품을 가까이에서 보여 주고자 하는 용도로 활용합니다. 자신의 옆에 두고 제품을 디테일하게 설명할 필요가 있을 때만 사용합니다.

▲ 메인 캠 촬영 영상

▲ 서브 캠 촬영 영상

서브 캠은 부분적으로 사용되기는 하지만, 편집할 때 싱크를 맞추는 불편함을 최소화하기 위해 촬영을 중간에 끊지 않고 메인 캠과 함께 처음부터 끝까지 켜 뒀습니다. 예를 들어, 편집할 때 메인 캠 영상의 '01:15' 지점에서 서브 캠 영상으로 전환하고 싶다면 서브 캠 영상에서도 똑같이 '01:15' 지점을 찾으면 되는 것입니다.

촬영 시 2대의 카메라로 촬영을 시작한 상태에서 박수를 한 번 치고, 편집할 때 박수를 친 지점의 오디오에 맞춰 두 영상을 각각 자르면 이후의 장면은 자동으로 싱크가 맞게 됩니다.

▲
TIP 메인 캠은 해상도를 높게 설정한 상태에서 촬영을 진행했습니다. 일반적인 '1080p' 대신 '4K' 정도로 설정하는 것을 추천합니다. 풀샷으로 촬영한 후 필요한 부분만 확대해 활용할 수 있기 때문입니다. 해상도가 높기 때문에 장면을 확대해도 화질이 크게 나빠지지 않습니다.

영상 편집

STEP 03

QUICK STEP 메인 캠과 서브 캠 싱크 맞추기 ▶ 필요 없는 부분 삭제하기 ▶ 메인 캠과 서브 캠 영상을 알맞게 배치하기 ▶ 자료 화면 추가로 삽입하기 ▶ 영상에 자막 삽입하기 ▶ 배경 음악 삽입하기

무작정 따라하기 01 | 메인 캠과 서브 캠 싱크 맞추기

저자의 영상 강의를 시청하며 편집 과정을 더 쉽게 익혀 보세요.

1 '키네마스터' 앱의 '만들기' 메뉴에서 [새로 만들기]를 눌러 새로운 프로젝트를 열고 '16:9'의 화면 비율을 선택합니다.

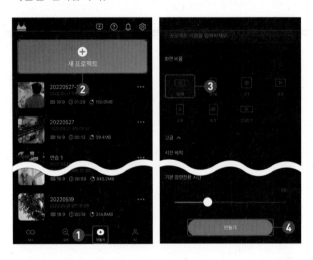

2 [미디어]( )를 눌러 사진첩에 있는 메인 캠 영상을 선택하세요.

3 타임라인에 영상이 추가됐습니다. 빅수쳐서 시직한 부분을 찾기 위해 영상올 선택한 후 회면 오른쪽의 메뉴 중 [오디오 추출]([])을 눌러 영상과 오디오를 분리합니다. 영상의 오디오를 추출하면 음량의 높낮이를 확인할 수 있습니다.

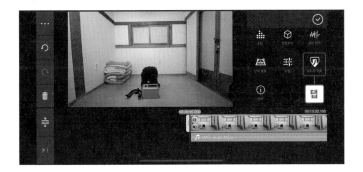

4 촬영 시 박수친 부분을 기준으로 두 영상의 싱크를 맞춰야 하므로 음량이 급격히 높아진 부분을 찾아 '플레이헤드'에 오도록 합니다. 오디오 클립을 선택한 후 [트림/분할]([]) – [플레이헤드의 왼쪽을 트림]을 누르면 박수를 치기 직전까지의 오디오가 사라집니다.

5 영상 클립을 선택한 후 [플레이헤드의 왼쪽을 트림]을 누릅니다.

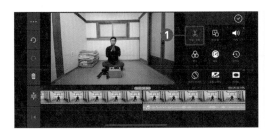

6 영상은 앞 부분을 자르면 타임라인 앞으로 당겨지지만, 오디오 클립은 자른 지점에 그대로 위치하고 있기 때문에 위치를 동일하게 맞춰야 합니다. 오디오 클립을 누른 후 타임라인의 맨 앞으로 옮기세요.

7 오디오 클립과 영상의 싱크를 맞췄으므로 분리된 오디오 클립은 삭제합니다.

> **TIP** ❸과정에서 오디오를 추출할 때 해당 영상 클립의 소리는 음소거해 뒀기 때문에 나중에 소리를 복원할 예정입니다.

8 [레이어] - [미디어]로 서브 캠 영상을 불러와 메인 캠 영상과 싱크를 맞춥니다.

❸ 메인 캠 영상과 싱크 조정

9 시브 캠 영상의 박수친 부분에서 [트림/분할] – [플레이헤드의 왼쪽을 트림]을 누른 후 클립을 타임라인 맨 앞으로 옮깁니다. 따라서 메인 캠과 서브 캠 영상 모두 박수치는 시점에서 영상이 시작됩니다.

10 두 영상의 중 메인 캠의 소리만 사용할 것이므로 서브 캠의 오디오는 [음소거]합니다. 메인 캠의 오디오는 [음소거]를 해제합니다.

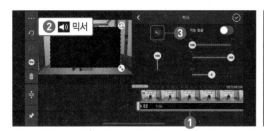 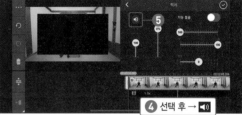

무작정 따라하기 02 | 필요 없는 부분 삭제하기

1 두 영상을 함께 보면서 편집하려고 합니다. 서브 캠 영상의 크기를 줄여 왼쪽 위에 배치합니다.

2 촬영을 준비하는 과정이 담긴 영상이 앞부분은 필요하지 않으므로 삭제해야 합니다. 서브 캠 영상을 선택한 후 영상을 잘라 낼 부분에서 재생을 멈추고 [트림/분할](■) – [플레이헤드의 왼쪽을 트림]을 누릅니다. 똑같은 방법으로 메인 캠 영상도 자릅니다.

TIP 메인 캠 영상을 먼저 자르면 서브 캠과의 싱크가 어긋나기 때문에 레이어로 넣은 서브 캠 영상부터 자른 후 동일한 위치에서 메인 캠을 잘라야 합니다.

3 두 번째 줄에 있는 서브 캠 영상은 앞부분을 잘라 낸 후 앞으로 이동한 메인 캠 영상과 달리, 자동으로 따라오지 않습니다. 따라서 서브 캠 영상 클립을 잡고 타임라인 맨 앞까지 끌고 나와 메인 캠과의 싱크를 다시 맞춰야 합니다.

TIP [레이어](◎) - [미디어](▣)를 눌러 추가한 영상 클립은 앞부분을 잘라도 타임라인 앞으로 이동하지 않습니다.

4 영상의 뒷부분, 즉 멘트를 마치고 [촬영 종료]를 누르기까지의 과정 역시 필요 없기 때문에 삭제해야 합니다. 영상을 사용할 끝부분에 플레이헤드를 두고 서브 캠, 메인 캠의 순으로 [트림/분할](■) – [플레이헤드의 오른쪽을 트림]을 누릅니다.

TIP 끝부분이기 때문에 두 영상의 싱크를 다시 맞추는 작업은 하지 않아도 됩니다.

5 이제 중간에 서브 캠 영상이 필요 없는 구간을 잘라 내야 합니다. 메인 캠 영상만 사용하는 구간에서는 서브 캠 영상 클립을 선택한 후 [트림/분할](■) – [플레이헤드의 왼쪽을 트림]을 눌러 두 번째 줄에 있는 서브 캠 영상만 잘라 냅니다.

TIP 자신이 자르고자 하는 구간에 맞게 [플레이헤드의 오른쪽을 트림]하거나 [플레이헤드에서 분할]한 후 분리된 클립을 삭제하면 됩니다.

6 서브 캠 영상으로 전체 화면을 사용할 부분은 잘라서 분리해 두고, 동일한 구간의 메인 캠의 영상도 분할해 클립을 분리하려고 합니다. 메인 캠, 서브 캠 영상 모두 해당 구간의 시작과 끝 지점에서 [트림/분할](■) – [플레이헤드에서 분할]을 누르세요.

7 메인 캠과 서브 캠 촬영본 모두 필요하지 않은 구간은 삭제합니다. 서브 캠, 메인 캠 영상 순으로 [트림/분할](📷) － [플레이헤드의 왼쪽을 트림]을 누릅니다. 두 번째 줄에 있는 서브 캠 영상은 자동으로 당겨지지 않으므로 클립을 꾹 누르고 이동해 메인 캠 영상의 시작점과 맞추세요.

TIP
- 영상은 반드시 앞부분부터 삭제해야 합니다.
- 두 영상을 모두 잘라 내야 할 때는 항상 두 번째 줄에 있는 서브 캠 영상부터 잘라 내야 2개의 영상 싱크를 효율적으로 맞출 수 있습니다.

무작정 따라하기 03 | **메인 캠과 서브 캠 영상을 알맞게 배치하기**

1 메인 캠의 오디오를 유지한 상태에서 일부 구간을 서브 캠 영상으로 대체할 수 있습니다. 무작정 따라하기 02 에서 분할해 둔 서브 캠 영상을 화면 전체에 꽉 채워 보겠습니다. 해당 구간의 서브 캠 영상을 선택한 후 [화면 분할](🖥)을 누릅니다.

2 검은색 부분은 '미디어'로 불러온 메인 캠, 흰색 부분은 '레이어'로 불러온 서브 캠 영상을 의미합니다. 즉, [　　]를 선택하면 서브 캠 영상이 화면에 가득찹니다.

▸ **TIP** 기존에 있는 메인 캠 영상 위를 덮는 것이므로 메인 캠 영상은 보이지 않지만, 오디오는 그대로 유지됩니다.

3 이번에는 메인 캠 장면 중 일부 구간을 확대해 보겠습니다. 원하는 구간을 선택한 후 서브 캠, 메인 캠 영상 순으로 각각 [트림/분할]([이미지]) – [플레이헤드에서 분할]을 눌러 클립을 분리해 둡니다. 해당 구간의 서브 캠 장면은 사용하지 않을 것이므로 클립을 선택한 후 [이미지]을 눌러 삭제합니다.

4 분리해 놓은 메인 캠 영상을 선택한 후 [팬&줌]([이미지])을 누릅니다. [이미지]을 눌러 '시작 위치'와 '끝 위치'를 같게 한 후 미리보기 화면을 두 손가락으로 벌려 필요한 만큼 확대합니다.

▸ **TIP** '시작 위치'와 '끝 위치'를 다르게 설정하면 '시작 위치'에 해당하는 장면에서 '끝 위치' 장면으로 화면이 움직이는 것처럼 보입니다. 화면을 왼쪽에서 오른쪽으로 이동하거나 점점 확대되는 것처럼 만들고 싶다면 이 기능을 이용하세요.

5 일부 구간의 영상만 빠르게 재생하겠습니다. 해당 부분의 클립을 선택하고 [트림/분할](✂) – [플레이헤드에서 분할]을 눌러 분리한 후 [속도] 메뉴에서 설정을 변경하면 됩니다. 기본 '1x'에서 숫자를 높이면 영상의 속도가 빨라지고, 숫자를 낮추면 느려집니다.

6 이번에는 메인 캠과 서브 캠 영상을 동시에 보여 주는 방법을 알아보겠습니다. 우선 메인 캠의 화면 크기를 조절하기 위해 메인 캠 영상 클립을 선택하고 [팬&줌](▦)을 누르세요. 미리 보기 화면에서 크기를 조절합니다.

7 서브 캠의 영상을 선택해 크기와 위치를 원하는 대로 조절하세요.

1 메인 캠, 서브 캠 영상만으로는 설명이 부족하다면, 다른 이미지나 비디오를 자료 화면으로 삽입하세요. [레이어](⊛) – [미디어](🖼️)에서 이미지나 비디오를 불러온 후 원하는 구간에 삽입해 배치합니다. 이렇게 추가된 화면을 '인서트'라고 합니다.

2 인서트 비디오의 소리가 필요 없는 경우, [믹서](🔊)에서 음소거(🔇)를 누르세요.

3 인서트 장면이 등장할 때 애니메이션 효과를 주고 싶다면 [인 애니메이션](▦), 화면에서 사라지는 효과를 주고 싶을 때는 [아웃 애니메이션](▦)을 활용하세요.

TIP 여러 개의 이미지 또는 비디오를 인서트로 넣을 때는 타이밍을 고려해 배치해야 합니다.

4 편집이 마무리됐다면 영상을 처음부터 끝까지 재생해 보면서 문제가 없는지 확인합니다. 그런 다음 왼쪽의 █를 눌러 클립 구성을 전체적으로 확인합니다.

5 사진첩에 영상을 저장하기 위해 [내보내기 및 공유](█)를 누른 후 해상도를 'FHD 1080P', 프레임레이트를 '30'으로 설정하고 [내보내기]를 누릅니다.

잠깐만요 잘린 컷을 자연스럽게 연결해 주는 '범퍼(bumper)' 영상

영상의 중간을 자르면 연결 부분이 부자연스럽게 느껴질 수도 있습니다. 이 경우, 짧은 길이의 '범퍼(bumper) 영상'을 컷과 컷 사이에 넣으면 장면을 자연스럽게 전환할 수 있습니다. '멸치' 앱을 이용하면 범퍼 영상을 쉽게 제작할 수 있습니다.

❶ '멸치' 앱을 실행한 후 상단 카테고리 중 [유튜브 범퍼영상]을 누릅니다. 다양한 '범퍼 영상' 템플릿 중 원하는 것을 골라 [이 영상으로 만들어 볼까요?]를 누르세요. 교체할 수 있는 이미지와 텍스트를 모두 수정한 후 [완료]를 누르면, 자동으로 사진첩에 영상이 저장됩니다. 제작이 완료된 영상은 [내 보관함]에서 수정할 수 있습니다.

❷ 작업 중이던 키네마스터 프로젝트로 돌아와 범퍼 영상을 삽입할 위치에 플레이헤드를 두고 [미디어]( )를 누릅니다. 그런 다음 '멸치' 앱에서 만든 범퍼 영상을 삽입합니다.

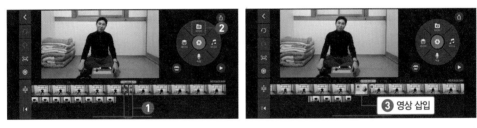

❸ 메인 캠과 서브 캠 영상이 함께 있는 부분에 [미디어]( )로 범퍼 영상을 추가하면 메인 캠과 서브 캠 영상의 싱크가 어긋납니다. 두 번째 줄에 있는 서브 캠 영상들이 자동으로 움직이지 않기 때문입니다. 따라서 서브 캠 영상을 메인 캠 영상의 위치에 맞춰 옮겨야 합니다.

1 '브루'라는 인공지능 영상 자막 편집 앱을 활용해 '대사'를 자막으로 넣은 후 그 영상을 다시 키네마스터로 가져와 필요한 부분에만 '상황' 자막을 추가해 보겠습니다.

'브루' 앱을 실행한 후 [새 프로젝트]를 눌러 **무작정 따라하기 04** 에서 완성한 영상을 불러옵니다. 언어를 설정하면 선택한 언어에 맞게 자막이 생성됩니다.

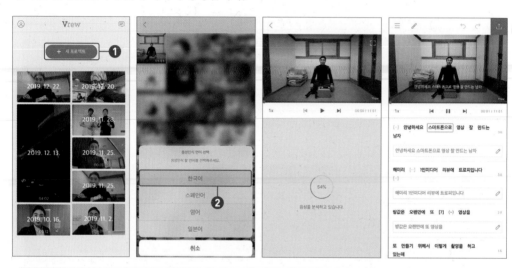

> **TIP** 2022년 7월 현재, 안드로이드용 '브루' 앱에서는 음성을 자막으로 바꿔주는 기본 기능만 지원할 뿐, 자막의 스타일 변경이나 언어 번역 기능 등의 추가 기능은 없습니다.
> 더 많은 기능을 활용하고 싶다면 PC버전 프로그램을 활용해보세요.

2 음성 분석이 잘못된 부분은 자막을 선택해 수정하세요.

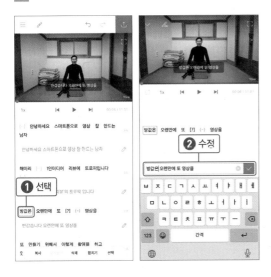

3 ✏를 누르면 자막의 스타일을 다양하게 설정할 수 있습니다. 글자 색, 배경, 위치를 다양하게 지정해 봅시다.

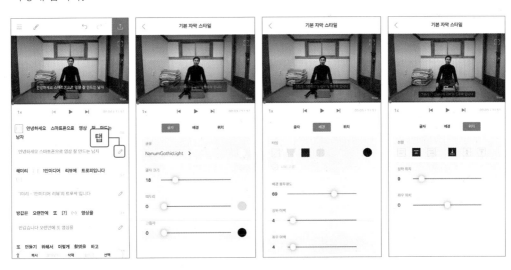

4 자막 편집이 모두 끝나면 오른쪽 위의 [내보내기]( )를 눌러 자막이 포함된 영상을 저장합니다.

5 이번에는 상황 자막을 추가해 보겠습니다. '키네마스터' 앱을 실행한 후 새로운 프로젝트를 생성하고 [미디어]( )를 누르세요. 방금 자막을 넣은 영상을 불러옵니다.

6 상황 자막을 추가하려는 지점에 플레이헤드를 두고 [레이어]( ) − [텍스트]( )를 눌러 자막을 삽입합니다.

7 자막 클립의 앞이나 뒤를 잡고 길이를 조절해 자막이 나타나는 구간을 설정합니다. 자막의 크기와 위치를 변경하고 싶다면 화면에서 자막을 선택해 조절합니다.

8 폰트도 변경해 보겠습니다. [폰트]( )를 누르면 다양한 폰트 목록이 나타납니다. [에셋 스토어]( ) – [한국어]에서 새 폰트를 다운로드해 보세요.

9 한국어 폰트를 다운로드하면 폰트 목록에 [한국어] 카테고리가 생깁니다. 폰트를 선택한 후 ⊘ 를 눌러 폰트를 적용해 보세요.

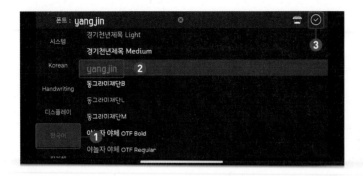

10 자막에 다양한 스타일을 적용할 수 있습니다. [윤곽선](█)을 눌러 글자에 테두리를 넣어 봅시 다. 테두리의 두께와 색상, 투명도 등을 설정할 수 있습니다.

TIP 이외에도 [그림자], [글로우], [배경]을 설정할 수 있습니다. 자유롭게 꾸며 보세요.

11 자막이 등장하거나 사라질 때 효과를 주려면 [인 애니메이션](█)과 [아웃 애니메이션](█)을 활용하세요. 다양한 애니메이션 중 원하는 것을 선택합니다.

12 여러 개의 자막을 동일한 스타일로 삽입하고 싶을 때는 매번 새롭게 [레이어](**⑧**) – [텍스트](**T**)를 누르는 것보다 미리 만들어 놓은 자막을 복제해 사용하는 것이 효율적입니다. 자막을 선택한 후 왼쪽 위의 **⋯**를 누르고 [복제](**⬚ 복제**)를 선택하면 해당 자막이 같은 구간에 복제됩니다.

13 동일한 구간에 있는 2개의 자막 중 1개를 눌러 원하는 위치로 옮긴 후 오른쪽 위의 **▦**을 눌러 내용을 수정합니다. 스타일을 그대로 유지하면서 자막을 손쉽게 추가할 수 있습니다.

> **TIP** [전체 적용하기]를 누르면 텍스트의 스타일이 모든 텍스트에 똑같이 적용됩니다.

14 자막의 색상을 변경하려면 [색상](**■**)을 눌러 원하는 색을 선택합니다. 자막이 눈에 잘 띌 수 있도록 지정하세요.

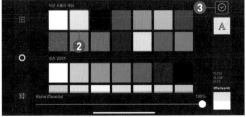

> **TIP** 배경의 색과 겹치지 않고, 너무 화려하지 않은 색을 선택하는 것이 좋습니다.

1 [오디오](🎵)를 누르면 스마트폰에 저장된 오디오 파일이 나타납니다. 오른쪽 위의 [에셋 스토어](🎛)를 누르면 '키네마스터' 앱에서 제공하는 음악을 다운로드할 수 있습니다.

 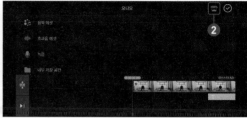

2 다운로드한 음악은 [오디오](🎵) – [음악 에셋]에서 확인할 수 있습니다. 원하는 음악을 선택한 후 (⊕)를 누르면 음악 클립이 추가됩니다.

3 영상의 소리를 방해하지 않도록 [믹서]를 눌러 배경 음악의 음량을 낮춥니다.

4 본격적인 리뷰를 시작하기 전에 영상의 앞부분에만 음악을 넣어 보겠습니다. 배경 음악이 끝나는 부분에 플레이헤드를 두고 [트림/분할](📱) – [플레이헤드의 오른쪽을 트림]을 누릅니다.

5 음악이 갑자기 끊겨 어색합니다. 음량이 자연스럽게 줄어들도록 [상세 볼륨](📱)을 눌러 페이드 아웃 효과를 넣겠습니다. [상세 볼륨](📱)을 누른 후 구간을 움직이면서 볼륨을 조절하면 음량을 설정할 수 있습니다.

6 더 이상 편집할 것이 없다면 [내보내기 및 공유](📱)를 눌러 해상도를 'FHD 1080p', 프레임레이트를 '30'으로 설정하고 [내보내기]를 누릅니다.

세로로 즐기는
노래 커버 영상

▶ TV나 영화관에서 보는 영상은 주로 '가로' 비율입니다. 히지만 요즘에는 대부분의 사림들이 영성을 스마트폰으로 시청하기 때문에 스마트폰의 세로 비율에 맞춘 영상도 많이 등장하고 있습니다. 스마트폰을 굳이 가로로 돌릴 필요 없이, 사용하던 그대로 '세로 영상'을 감상하는 것이죠. 이번 시간에는 '세로 라이브'를 만들어 보겠습니다.

완성 영상 미리 보기 ▶

기획 노트

영상 소재	세로 비율의 노래 라이브 영상
영상 콘셉트	미모티콘 기능으로 얼굴을 가리고 노래 부르기
영상 구성	인사말 및 커버할 노래 소개 - 인트로 영상 - 노래 라이브 - 끝인사 - 아웃트로 영상
촬영 장비	스마트폰 2대, 삼각대 + 거치대 1세트, 마이크 1개, 이어폰 1개, 초록색 크로마키
촬영 장소	크로마키 천을 배경으로 촬영하므로 조용한 장소라면 어디든 상관없음.

제작 프로세스

❶ '키네마스터' 앱의 녹음 기능을 이용해 노래 부르고 녹음하기

❷ 녹음한 노래와 반주의 싱크 맞추기

❸ 크로마키 배경 앞에서 ❷에서 만든 노래에 맞춰 립싱크 촬영하기

  • 샷의 크기와 구도, 방향을 조금씩 바꿔 촬영하기

  • '미모티콘' 기능을 활용해 얼굴을 노출하지 않고 촬영하기

❹ 크로마키 배경 대신 합성할 이미지나 비디오 수집하기

❺ 촬영 영상과 노래의 싱크를 맞추고 원하는 배경 합성하기

❻ 노래 가사 등 자막 삽입하기

❼ '멸치' 앱을 활용해 만든 인트로, 아웃트로, 범퍼 영상 삽입하기

❽ 영상 최종 저장하기

사용 프로그램

• 아이폰 미모티콘 기능

• 아이폰 '화면 녹화' 기능 또는 안드로이드 앱 '모비즌 스크린 레코더'

• 영상 편집 앱 '키네마스터'

• 템플릿 기반 영상 제작 앱 '멸치'

노래 녹음

STEP 02

---

01 노래의 반주 구하기

유튜브에서는 많은 '커버 영상'을 찾아볼 수 있습니다. 원작자가 있는 노래를 다른 사람이 자신의 스타일로 노래한 콘텐츠를 '노래 커버 영상'이라고 합니다. 원작자가 있는 음악을 활용한 영상으로는 수익을 얻을 수 없지만, 노래를 즐기는 사람들이 이와 같은 콘텐츠를 활발하게 업로드하고 있습니다. 영상에 필요한 반주를 유튜브에서 수집해 보겠습니다.

1 유튜브 검색창에 원하는 노래의 반주를 검색한 후 영상을 선택합니다. 시작점에 영상을 멈춰 놓습니다.

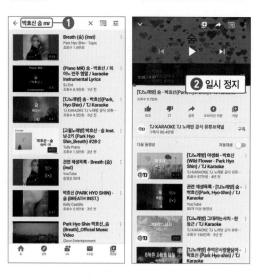

> **TIP** 이후의 과정은 사용하는 스마트폰에 따라 다릅니다. 아이폰 사용자라면 **2**, 안드로이드폰 사용자라면 **3**을 따라 하세요.

2 아이폰의 경우, 손가락을 화면 오른쪽 위에서 왼쪽 아래로 쓸어내려 '제어 센터'를 엽니다. ◉을 누른 후 유튜브 화면으로 돌아가 영상을 재생하면 화면과 사운드가 함께 녹화됩니다. 화면 왼쪽 위의 빨간색 시계를 누르면 화면 기록이 완료됩니다.

3 안드로이드폰에서는 '모비즌 스크린 레코더'라는 앱을 이용해 화면을 녹화할 수 있습니다. 앱을 다운로드 및 실행한 후 화면의 오른쪽에 있는 [⑩]을 누르면 [동영상 녹화 / 설정 / 사진 캡처] 메뉴가 생성됩니다. 그중 [동영상 녹화](🎥)를 누르면 3초 후에 화면 녹화가 시작됩니다.

4 화면 녹화가 시작되면 유튜브 앱으로 돌아가 필요한 부분까지 영상을 재생하고 화면 상단 바를 내려 녹화를 종료합니다. 사진첩에 'MOBIZEN' 폴더가 자동으로 생성되면서 영상이 저장될 것입니다. '모비즌 스크린 레코더' 앱을 이용하면 스마트폰 외부의 소리도 함께 녹음되므로 조용한 환경에서 녹음하는 것이 좋습니다.

TIP 편집 과정에서 녹화 영상의 화면을 없애고 사운드만 활용할 예정입니다.

> **잠깐만요 유튜브에서 영상을 녹화해 활용해도 되나요?**
>
> 유튜브 영상을 수집하는 데는 다양한 방법이 있지만, 저작권자의 동의가 없는 2차 가공, 특히 상업적인 목적의 활용은 명백한 저작권 침해이므로 주의해야 합니다. 'No copyright music' 또는 'No copyright video'라는 키워드로 검색하면 2차 가공을 할 수 있는 음악이나 영상을 수집할 수 있습니다. 이렇게 찾은 영상을 녹화해 영상을 제작해 봅시다.

5 최신 안드로이드폰에는 화면 녹화 기능이 추가됐습니다. 화면을 위에서 아래로 쓸어내리면 '기본 설정' 화면이 나타납니다. 그중 [화면 녹화](⊙)를 누릅니다. 스마트폰의 오디오만 녹음할 것이므로 [미디어 소리]를 선택합니다.

TIP 스마트폰에서 나는 소리만 녹음할지, 스마트폰 외부의 소리도 함께 녹음할지 선택할 수 있습니다.

스마트폰으로 음성 녹음하기

1 준비된 반주를 들으면서 노래를 녹음해 보겠습니다. 노래를 녹음할 스마트폰 1과 반주를 들을 스마트폰 2 그리고 이어폰과 마이크가 필요합니다.

> **TIP** 스마트폰 2는 반주를 재생하는 용도이므로 컴퓨터나 태블릿 PC로 대체해도 됩니다. 마이크가 없는 경우에는 조용한 장소에서 녹음하세요.

2 스마트폰 2에 이어폰을 연결한 후 반주를 재생하세요. 그런 다음 스마트폰 1에서 '키네마스터' 앱을 실행하고 새로운 프로젝트를 '16:9' 비율로 생성합니다. [미디어]( )를 눌러 반주 영상을 타임라인으로 불러오세요.

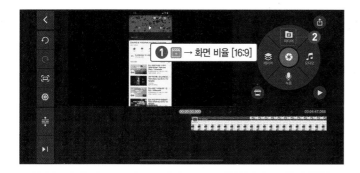

3 반주를 시작하기 전에 불필요한 부분을 잘라 내기 위해 시작 지점에서 [트림/분할](■) – [플레이헤드의 왼쪽을 트림]을 누릅니다.

4 [팬&줌](■)에서 ●를 눌러 시작 위치와 끝 위치를 같게 만든 후 필요한 화면만큼 확대합니다.

5 노래를 부를 준비가 됐다면 [녹음 (🎤)] – [시작]을 누름과 동시에 스마트폰 2의 반주 영상을 재생합니다. 노래를 다 부른 후 [정지]를 누르면 녹음 클립이 타임라인에 추가됩니다.

1 전주만 재생되는 부분에서는 녹음 클립이 필요하지 않으므로 시작 지점에서 [트림/분할]( ) – [플레이헤드에서 왼쪽을 트림]을 누릅니다. 녹음 클립을 재생해 보면서 타임라인에 있는 반주와 싱크를 맞춥니다.

2 반주와 녹음 클립의 볼륨을 알맞게 조절합니다. [믹서]( )를 눌러 반주의 볼륨은 '60', 녹음 클립의 볼륨은 '130'으로 조정했습니다.

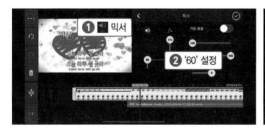 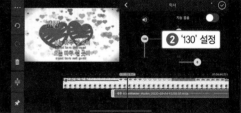

3 녹음 클립에 울림 효과를 주기 위해 [잔향효과]( )를 눌러 [콘서트 홀]을 선택합니다.

4 반주와 녹음 클립의 박자가 맞지 않는 경우에는 녹음 클립을 선택해 [트림/분할](■) – [플레이헤드에서 분할]을 누르고 클립을 당기거나 밀어서 맞춥니다.

5 [내보내기 및 공유](🔼)를 눌러 영상을 저장합니다. 사운드만 사용할 것이기 때문에 해상도는 낮아도 됩니다. 프레임레이트를 '30'으로 설정하고 [내보내기]를 누릅니다.

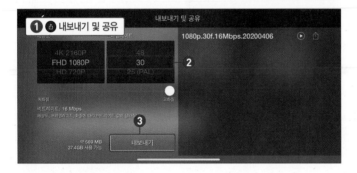

영상 촬영

STEP 03

01 크로마키 배경 앞에서 촬영하기

촬영용 스마트폰 1대, 반주를 재생할 또 다른 스마트폰 1대, 삼각대/거치대 1세트와 초록색 크로마키 배경이 필요합니다. 보조 스마트폰 대신 컴퓨터나 태블릿 PC로 반주를 재생해도 괜찮습니다. 초록색 크로마키 배경은 인물이 충분히 들어갈 만큼 넓어야 하며, 주름이 지거나 그림자가 보이지 않도록 주의해야 합니다.

TIP 크로마키(Chroma Key)는 색(Chroma)의 차이를 키(Key)로 해서 피사체를 배경과 분리하고 그것을 다른 화면에 합성하는 편집 방식입니다. 자세한 내용은 28쪽을 확인하세요.

02 얼굴 가리고 촬영하기

영상에 얼굴을 직접 드러내는 것이 부끄럽다면 아이폰의 '미모티콘' 기능을 이용해 얼굴을 가려 보세요. 얼굴 근육의 움직임을 포착하고 분석해 세밀한 표정까지 다양한 캐릭터로 표현할 수 있습니다. 아이폰 사용자가 아니라면 다음과 같은 방법을 사용할 수 있습니다.

- 갤럭시 10 이상 모델의 'AR 이모지' 기능을 이용하는 방법
- 'ZEPETO' 앱에 로그인한 후 나만의 캐릭터를 만들어 영상 촬영하는 방법(최대 1분)
- 'SNOW' 앱의 하단 메뉴 중 '비디오'에 있는 다양한 스티커를 활용해 영상을 촬영하는 방법(최대 5분)
- 얼굴이 나오도록 촬영한 후 편집 프로그램에서 캐릭터 이미지를 넣어 얼굴을 가리는 방법

미모티콘 촬영 방법

1 메시지 앱을 실행한 후 '받는 사람' 칸에 자신의 전화번호를 입력합니다. 입력 칸 왼쪽의 ◎ 를 누른 후 동영상 촬영 화면을 실행합니다. 아래쪽의 ⬛을 눌렀을 때 나타나는 여러 메뉴 중에서 ⬛을 누르면 '미모티콘' 기능을 이용할 수 있습니다. 기본적으로 제공되는 캐릭터 외에도 나만의 캐릭터를 만들 수도 있습니다. 원하는 캐릭터를 선택한 후 ⬛를 누릅니다.

2 ⬤을 눌러 촬영한 후 [정지]를 누르고 오른쪽 위의 [완료]를 누르면 동영상이 저장됩니다. 오른쪽 위의 [취소]를 누르고 메시지 앱을 빠져나옵니다.

3 이 방법을 활용해 크로마키 배경 앞에서 영상을 촬영해 보겠습니다. 초록색 크로마키 배경은 화면에 꽉 차는 것이 좋습니다. 이때 그림자나 주름이 생기지 않도록 주의하세요. 사진첩에 앨범을 생성한 후 편집에 필요한 소스를 모아 두면 효율적으로 편집할 수 있습니다.

▲ **TIP** 완성도 높은 영상을 제작하고 싶다면 다양한 구도로 영상을 촬영한 후 교차로 편집하는 것을 추천합니다. 이때에는 모든 영상에서 노래를 처음부터 끝까지 불러야 합니다.

영상 편집

STEP 04

⏱ QUICK STEP 크로마키 영상 편집하기 ▶ 크로마키 영상과 노래의 싱크 맞추기 ▶ 범퍼 영상과 효과음 삽입하기 ▶ 노래 가사를 자막으로 삽입하기

무작정 따라하기 01 | 크로마키 영상 편집하기

▲ 저자의 영상 강의를 시청하며 편집 과정을 더 쉽게 익혀 보세요.

1 새로운 프로젝트를 '9:16' 비율로 생성한 후 [미디어]를 눌러 합성할 배경 영상을 타임라인으로 불러옵니다.

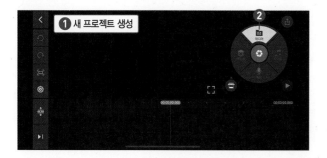

2 가로 비율의 영상을 세로 비율의 프로젝트에 불러오면 작은 화면으로 보입니다. 영상 클립을 선택한 후 [팬&줌](🔳) 메뉴의 ⬤을 눌러 '시작 위치'와 '끝 위치'를 같게 하고 화면을 고정한 다음 미리 보기 창에서 화면을 확대해 화면에 꽉 차게 합니다.

3 화면 확대

2

잠깐만요 저작권 걱정 없이 이미지나 비디오를 다운로드하고 싶어요

상업적으로 사용할 수 있는 이미지나 비디오를 제공해 주는 '픽사베이' 사이트(pixabay.com)에 접속해 원하는 키워드로 검색합니다. 사진, 벡터 그래픽, 일러스트, 비디오 중 원하는 형식을 선택한 후 검색 결과를 누르면 다양한 해상도로 다운로드할 수 있습니다.

1 검색어 입력

2

3 선택

4

5

---

3 다운로드한 배경 영상의 길이는 '30초'입니다. ▦를 클릭한 후 배경 영상을 [복제](▣ 복제)해 전체 프로젝트 영상의 길이를 여유 있게 늘입니다.

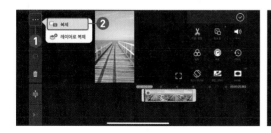

1

복제

레이어로 복제

2

3 길이 조절

4 타임라인 위 두 영상 클립이 이어지는 부분에서 [장면전환](➕)을 누릅니다. [겹침](🖼️)을 적용해 두 장면을 매끄럽게 이어 줍니다.

5 플레이헤드를 영상의 맨 앞으로 이동한 후 [레이어](📚) – [미디어](🖼️)를 눌러 크로마키 촬영 영상을 불러옵니다. 크로마키 촬영 영상의 길이가 배경 영상보다 길지만, 앞부분과 뒷부분은 잘라 낼 예정이므로 배경 영상의 길이를 늘이지 않아도 됩니다.

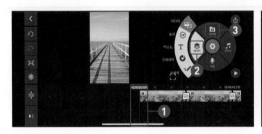

6 초록색 배경을 없애기 위해 [크로마키](🟦)를 누르고 [적용]을 활성화합니다. '키 색상'을 초록색으로 인식해 배경이 사라지지만, 완벽하진 않습니다.

7 조절 바를 이용해 남기고 싶은 피사체와 없애고 싶은 배경을 분리합니다. 일반적인 경우, 위의 값은 '36~38', 아래 값은 위의 값과 더했을 때 '99~100'이 되도록 설정합니다.

> **잠깐만요** **'마스크 모드'로 배경을 확실하게 지우자**
>
> [마스크 모드](🔳)를 누르면 없애고 싶은 배경은 '검은색', 남기고 싶은 배경은 '흰색'으로 나타납니다. 마스크 모드에서 조절 바를 조정해 검은색과 흰색을 뚜렷하게 구분하면 배경을 더 확실하게 제거할 수 있습니다. 설정을 마치면 [마스크 모드](🔳)를 한 번 더 눌러 빠져나옵니다.
>
>

8 배경에서 추가로 삭제하고 싶은 부분은 [크롭](🔳)을 이용해 잘라 내고 크기와 위치를 적절히 조절합니다.

9 노래를 시작하기 전, 인사말 부분을 [트림/분할](🔲) – [플레이헤드에서 분할]을 눌러 분리합니다.

10 노래를 한 부분에는 따로 녹음한 음성을 사용할 것이지만, 인사말은 영상의 소리를 그대로 사용합니다. 필요한 경우 [믹서](🔊)를 누른 후 볼륨을 조절합니다.

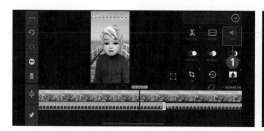 

> **TIP** 볼륨을 최대인 '200'으로 높였는데도 소리가 작다면 [자동 볼륨]을 활성화하세요.

11 인사말을 하고 노래가 시작되기 전까지 필요 없는 부분을 제거하기 위해 노래 시작 지점에 플레이헤드를 두고 [트림/분할](🔲) – [플레이헤드의 왼쪽을 트림]을 누릅니다.

12 인사말을 한 부분에 다른 배경을 넣어 주기 위해 [레이어](🐝) – [미디어](🖼)를 눌러 실내 이미지를 넣었습니다.

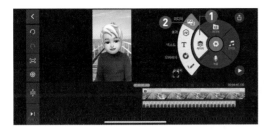 

13 새로 추가한 배경 이미지가 촬영 영상을 가리고 있으므로 ⋯ – [맨 뒤로 보내기]를 누릅니다.

TIP [레이어]로 추가한 사진이나 영상은 [맨 뒤로 보내기]를 누르더라도 [미디어]로 넣은 사진이나 영상보다 뒤로 갈 수 없습니다.

14 배경 이미지의 클립 길이를 영상 클립의 길이와 맞춘 후 크기를 키워 전체 화면에 채웁니다. 촬영 영상의 크기도 배경에 맞도록 조절합니다.

1 플레이헤드를 노래 반주가 시작되는 지점에 두고 [레이어](🔵) – [미디어](🖼️)를 눌러 미리 녹음한 노래 영상을 불러옵니다. 영상을 재생하면서 싱크를 맞춥니다.

2 노래 영상에서는 오디오만 사용하려고 합니다. [알파(불투명도)](⬛)를 누른 후 조절 바를 '0'으로 조정해 영상이 보이지 않도록 합니다.

> **TIP** 영상의 소리만 사용하는 경우, 영상 클립을 누른 후 [오디오 추출](🎵) 기능을 이용해 영상을 없애고 오디오 클립만 활용해도 됩니다.

3 반주가 시작되는 시점에 배경이 자연스럽게 전환되도록 창문 배경 영상의 길이를 좀 더 늘이고 [아웃 애니메이션](◼️)을 '페이드'로 적용합니다.

4 [트림/분할]() – [플레이헤드에서 분할]을 눌러 노래를 끝내고 끝인사를 하는 부분을 분리합니다. 그런 다음 [믹서](🔊)를 눌러 음량을 키웁니다.

TIP 음량을 조절하고 나면 반드시 타임라인에서 재생해 보면서 변경한 음량 값이 적절한지 확인해야 합니다.

5 노래를 부르는 부분에는 영상에 녹음된 소리를 사용하지 않을 것이므로 [믹서](🔊) – [음소거](🔇)를 누릅니다.

6 크로마키 촬영 영상의 편집을 마쳤습니다. [내보내기 및 공유](⬆)를 눌러 해상도를 'FHD 1080p', 프레임레이트를 '30'으로 설정한 후 [내보내기]를 누릅니다.

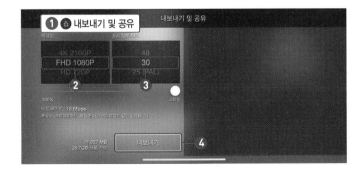

7 영상을 내보내고 나면 프로젝트를 빠져나와 프로젝트명을 변경하는 것이 좋습니다. 방금 저장한 프로젝트의 [···]을 누른 후 [이름 바꾸기]를 눌러 원하는 제목으로 변경합니다.

잠깐만요 인물의 그림자 만들기

카메라를 위에서 아래로 내려서 촬영한 경우, 그림자 효과를 적용하면 실감나게 표현할 수 있습니다.

❶ 크로마키 편집된 영상 클립을 선택한 후 ··· - [복제](🎬 복제)를 눌러 복사하고 위치와 크기를 적절히 조절합니다.

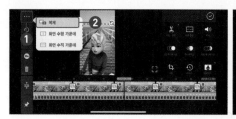 

❷ [조정](🎛)을 눌러 '게인' 값을 '-100'으로, '감마' 값을 '100'으로 변경하면 복제된 영상이 검은색으로 바뀝니다. [알파(불투명도)](🎛)를 눌러 불투명도를 조금 낮춰 주고, 실제 그림자처럼 살짝 회전시켜 위치와 크기도 다시 맞춰 주세요.

3개의 촬영 영상으로 최종 편집에 들어가기에 앞서, 미리 3개의 영상을 사진첩에서 재생해 보면서 구간별로 장면을 선택해 노트에 적어 놓으면, 편집을 효율적으로 진행할 수 있습니다. 컷이 가사에 따라 교차로 바뀌도록 하는데, 다음 예시와 같이 몸을 많이 움직이거나 고개를 숙인 부분은 미모티콘이 인식하지 못하기 때문에 다른 컷을 선택하는 것이 좋습니다.

무작정 따라하기 03 | **범퍼 영상과 효과음 삽입하기**

1 최종 편집을 하기 위해 9:16 세로 비율의 화면으로 새로운 프로젝트를 생성합니다. [미디어](🖼)를 눌러 '1차 컷 편집 완료된 영상(이하 컷 편집 영상)'을 먼저 불러옵니다.

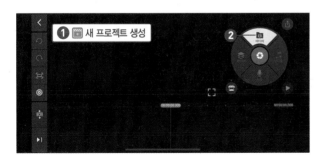

2 컷 편집 영상의 첫인사 부분 소리를 좀 더 높여 보겠습니다. 해당 부분의 클립을 선택하고 [트림/분할](■)을 누른 후 [믹서](■)를 눌러 음량을 '100'에서 '200'으로 조절합니다.

3 끝인사 부분의 클립도 [트림/분할](■)을 누른 후 [믹서](■)의 음량을 '100'에서 '200'으로 변경합니다.

4 108쪽에서 했던 것처럼 '멸치' 앱을 이용해 인트로 영상을 제작하고, 첫인사가 끝나고 노래가 시작되기 전 부분에 추가합니다.

5 '멸치' 앱에서 만든 영상 중 일부분만 사용하기 위해 [트림/분할]( )을 눌러 앞뒤로 필요 없는 부분을 잘라 냅니다.

6 첫인사 부분에서 인트로 영상으로 자연스럽게 전환하기 위해 영상 클립 사이의 [장면전환]( ) 을 누르고 '겹침' 효과를 적용합니다. 인트로 영상에서 노래 부분으로의 [장면전환]은 어울리는 것으로 골라 적용했습니다.

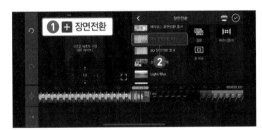

7 삽입된 각 컷의 음량이 크게 차이나지 않도록 [믹서]( )를 눌러 인트로 영상의 소리를 조절합니다.

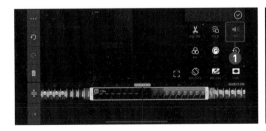

8 바다 배경에서 파도 소리가 함께 들린다면 더 좋겠죠? 반주를 수집했던 방법대로 유튜브에서 'No copyright wave sound'를 검색해 알맞은 영상을 고른 후 필요한 만큼 '화면 기록(화면 녹화)'합니다.

9 창문 배경에서 바다 배경으로 전환되는 시점에 플레이헤드를 두고 [레이어](🄻) - [미디어](🖼)로 '파도 소리 영상'을 불러옵니다. 녹화된 영상에서 필요 없는 부분은 [트림/분할](🄼)을 눌러 없애고 볼륨은 [믹서](🔊)에서 적절히 조절합니다.

 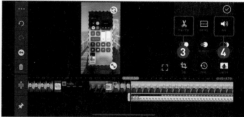

10 영상에서 오디오만 사용할 것이기 때문에 영상의 불투명도를 '0'으로 낮춰 보이지 않게 합니다.

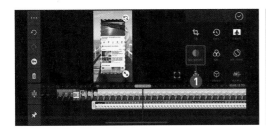 

11 파도 소리가 좀 더 필요하다면 클립을 [복제](🖥 복제)해 계속 반복합니다. 이때 클립과 클립을 살짝 겹쳐 소리가 자연스럽게 이어지도록 합니다.

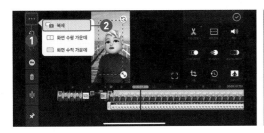 

12 프로젝트명은 '세로라이브_숨_컷편집완료'로 변경해 두겠습니다.

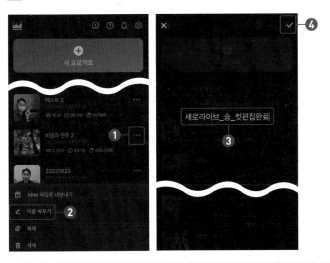

TIP 영상을 편집하다 보면 이전 단계로 돌아가고 싶은 경우가 발생하기 때문에 각 프로젝트를 단계별로 분리해 두는 것이 좋습니다.

1 컷 편집이 완료된 프로젝트를 복제해 자막을 넣겠습니다. 프로젝트 오른쪽 끝[···]을 눌러 [복제]를 누르고 복제한 프로젝트의 이름을 변경하여 입력합니다.

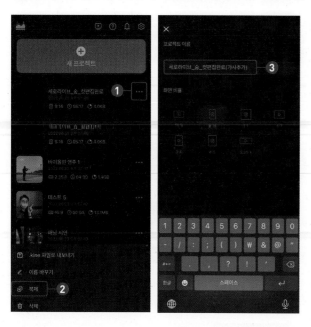

2 프로젝트를 열고 첫인사 부분에 자막을 넣습니다. [레이어](🥁) – [텍스트](T)를 눌러 인사말을 입력하세요.

3 자막의 위치와 크기를 조절한 후 다음 내용으로 전환되는 지점에서 [트림/분할](📷) – [플레이헤드에서 분할]을 누릅니다. 자막 스타일을 통일한 후 내용이 바뀌는 부분에서 클립을 분리해 내용만 수정하려고 합니다.

> **TIP** 폰트는 에셋 스토어에서 '카페24 아네모네(Cafe24Ohsquare)'를 적용했습니다.

4 다음 부분의 자막 클립을 선택한 후 ⌨을 눌러 내용을 수정하세요. 이렇게 자막 클릭을 분리해 내용만 수정하면 서체와 위치, 크기를 동일하게 유지할 수 있습니다.

5 텍스트 클립의 길이를 첫인사가 끝나는 지점까지 늘리고 [트림]해, 자막 작업을 같은 방식으로 완료합니다. 첫인사의 마지막 자막에는 [아웃 애니메이션](📷) – [페이드]를 적용합니다.

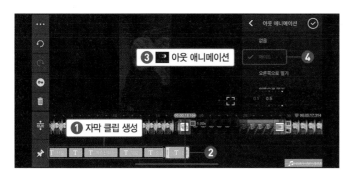

6 이제 가사를 자막으로 넣겠습니다. 가사가 처음 시작되는 지점에 플레이헤드를 두고 [레이어] (🛇) – [텍스트](**T**)를 눌러 가사를 입력하세요.

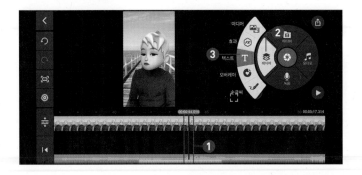

7 자막의 위치와 크기를 조절한 후 가사가 부드럽게 등장하도록 [인 애니메이션](⬛) – [페이드] 효과를 적용합니다.

8 첫인사 자막과 같이 텍스트 클립을 영상의 끝부분까지 늘입니다. 자막을 두 줄로 넣기 위해 텍스트 클립을 선택한 후 ⚫⚫⚫ – [복제](🔲 복제)를 누르세요.

9 복제한 자막 클립을 선택한 후 두 번째 가사가 시작되는 지점에서 [트림/분할](🔳) – [플레이헤드의 왼쪽을 트림]을 누릅니다.

10 복제한 자막을 첫 번째 자막의 아래로 옮긴 후 🔲을 눌러 내용을 수정합니다.

11 두 번째 줄의 가사가 끝나는 지점에서 텍스트 클립 2개를 각각 [트림/분할](🔳) – [플레이헤드에서 분할]을 누르고 다음 가사의 내용으로 수정합니다.

12 가사에 맞게 텍스트 클립의 길이를 맞추고 자막의 위치와 크기도 조정합니다.

13 왼쪽 하단 세 번째의 [프로젝트 설정](⚙)을 눌러 [오디오 페이드 아웃(프로젝트 끝부분)]을 체크하면 영상 마지막 부분의 사운드가 자연스럽게 줄어듭니다.

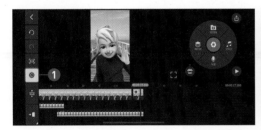 

14 [비디오]를 눌러 [비디오 페이드 인/아웃]을 모두 활성화하세요. 영상이 검은색 화면에서 점차 밝아지면서 시작했다가 어두워지면서 끝납니다.

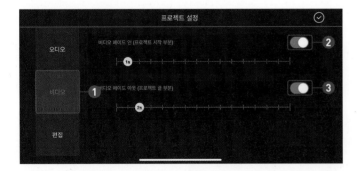

15 [내보내기 및 공유](⬆)를 누른 후 해상도는 'FHD 1080p', 프레임레이트는 '30'으로 설정하고 [내보내기]를 누릅니다.

TIP 영상을 내보내기 전에는 영상을 처음부터 끝까지 재생해 보면서 실수한 부분은 없는지 확인해야 합니다.

감각적인
'핫플' 소개 영상

⊘ **CHECK POINT**

◯ 히이피랩스 기법으로 촬영하기

◯ 장면 전환 효과(트랜지션)를 고려하며 영상 촬영하기

◯ 감각적으로 화면 전환 편집하기

▶ 우리는 평소 "남는 건 사진뿐"이라는 말을 자주 합니다. 여행을 마치고 돌아오면 핸드폰에 저장된 사진을 보면서 여행지에서의 추억을 떠올리곤 하지요. 하지만 이제는 추억을 영상으로 남겨 보는 것은 어떨까요? 내가 만든 여행 영상을 유튜브에 업로드하면 내가 방문한 여행지를 많은 사람에게 소개할 수도 있답니다.

완성 영상 미리 보기 ▶

STEP 01 기획 노트

영상 소재	주말에 방문한 핫 플레이스 소개
영상 콘셉트	카페의 멋스러움을 '카메라 트랜지션 기법'을 활용해 감각적으로 표현
영상 구성	카페 외부 하이퍼랩스 – '트랜지션'을 통해 실내로 진입 – '트랜지션'을 고려해 카페 내부 컷 촬영한 후 편집 – 자막으로 마무리
촬영 장비	스마트폰 1대, 짐벌 1대
촬영 장소	근교 카페 등 핫 플레이스
제작 프로세스	❶ 카페 내·외부의 촬영 환경 점검하기, 촬영할 피사체나 공간 체크하기, 촬영 동선 파악하기 ❷ 촬영할 컷들의 카메라 트랜지션 계획 세우기 ❸ 하이퍼랩스 기법으로 카페 외부 촬영하기 ❹ 미리 계획한 카메라 트랜지션에 맞게 카페 내부 컷 촬영하기 ❺ '키네마스터' 앱에서 컷 편집하기, 크로마키 편집하기, 오디오 및 자막 편집하기 ❻ 영상 최종 저장하기
사용 프로그램	영상 편집 앱 '키네마스터'

STEP 02 | 촬영 준비

01 | 촬영 장소 선정하기

촬영 전에 촬영 장소를 미리 방문하는 것이 좋습니다. 어떤 방식으로 촬영할지 머릿속에 그려 보고, 예상되는 문제점을 점검할 수 있기 때문입니다. 하지만 모든 촬영 장소를 미리 방문하는 것은 현실적으로 쉽지 않습니다. 사전 방문이 어렵다면 인터넷 검색을 통해 해당 장소의 특징을 파악하고, 촬영할 장면과 촬영 방식을 대략 결정해 보세요. 앞뒤 일정을 여유 있게 계획하는 것도 중요합니다. 촬영할 때 예상치 못한 변수가 발생할 수 있기 때문입니다.

02 | 다양한 카메라 트랜지션 연습하기

컷과 컷 사이를 멋지게 전환하기 위해 활용하는 카메라 트랜지션의 종류를 알아보겠습니다. 촬영 전에 미리 연습해야 현장에서 충분히 활용할 수 있습니다.

1 카메라 렌즈를 덮었다가 열면서 장면 전환

화면이 어두워졌다가 밝아지면서 장면이 전환되는 효과를 말합니다. 2개의 영상을 따로 촬영해 연결해 봅시다.

첫 번째 영상의 마지막 장면에서 카메라를 손으로 완전히 덮은 후에 촬영을 종료합니다.

두 번째 장면을 시직할 때는 손으로 가메라 렌즈를 완전히 덮은 상태에서 [촬영 시작] 버튼을 누릅니다. 몇 초 지난 후 손을 렌즈에서 뗍니다.

편집 과정에서 이 두 영상을 연결하면 됩니다. 점점 어두워지는 첫 번째 영상의 마지막 부분과 두 번째 영상의 시작 부분을 연결합니다. 이와 같이 하면 마치 카메라 렌즈를 덮었다가 열면서 장면이 바뀌는 것처럼 보입니다. 순간 이동을 하는 것처럼 말이죠!

손으로 렌즈를 가리지 않더라도 유사한 효과를 낼 수 있습니다. 피사체에 카메라 렌즈가 거의 닿을 정도로 매우 가까이 클로즈업해 보세요. 예를 들어 첫 번째 영상을 마칠 때 가방을 클로즈업하고, 두 번째 영상을 시작할 때 가방을 클로즈업한 상태에서 카메라 렌즈를 떼는 것입니다.

2 카메라의 움직임에 따른 장면 전환

첫 번째 영상은 카메라를 왼쪽으로 회전하며 촬영을 마칩니다.

두 번째 영상은 [촬영 시작] 버튼을 누른 후 카메라를 오른쪽에서 왼쪽으로 빠르게 회전합니다.

편집 과정에서 두 영상을 연결합니다. 카메라가 왼쪽으로 돌아가는 부분과 두 번째 영상의 시작 지점에서 카메라가 왼쪽으로 돌아가는 부분을 연결합니다.

이와 같이 연결하면 카메라의 움직임에 따라 장면이 전환되는 것처럼 보입니다. 방향을 상하좌우로 설정할 수 있고, 45도/90도로 회전하면서 전환할 수도 있습니다. 이 방식으로 촬영할 때는 반드시 촬영 시작과 끝의 카메라 움직임을 미리 계산해야 합니다.

3 사물을 이용해 장면 전환

장면 속의 사물을 이용해 장면을 전환하는 기법입니다. 아래 방법을 이용하면 집에서 카페로 한 번에 이동한 것처럼 장면을 전환할 수 있습니다.

첫 번째 영상은 카메라를 오른쪽에서 왼쪽으로 움직이며 촬영합니다. 벽이나 사물 등 화면을 전환할 수 있는 요소를 지나쳤을 때 촬영을 종료합니다.

두 번째 영상도 마찬가지로 오른쪽에서 왼쪽으로 움직이며 촬영합니다.

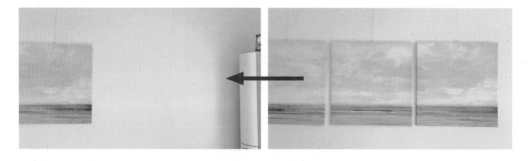

이 두 장면을 벽을 기준으로 전환되게 편집하는 것입니다. 이때 마스크(Mask)나 크로마키(Chroma key) 기능을 활용하면 효과를 극대화할 수 있습니다.

03 짐벌을 활용해 안정적으로 촬영하기

'짐벌(Gimbal)'은 촬영할 때 흔들림을 최소화하기 위해 카메라에 연결해 사용하는 장비입니다. 짐벌의 내부에는 센서가 있어 이동 반대 방향으로 본체를 기울여도 결과물의 흔들림이 최소화됩니다. 1축이나 2축보다는 3축 짐벌을 사용하는 것이 안정적입니다.

스마트폰을 짐벌에 끼워 촬영해 보면, 스마트폰만 들고 촬영하는 것에 비해 안정적이라는 것을 알 수 있습니다. 짐벌을 활용하면 달리는 피사체도 영상에 담을 수 있습니다.

오른쪽 QR코드로 스마트폰 촬영과 짐벌 촬영의 차이점을 비교해 보세요!

스마트폰 촬영 영상과 짐벌 촬영 영상 비교 ▶

영상 촬영

STEP 03

01 하이퍼랩스 촬영 방법 알아보기

'하이퍼랩스(Hyper Lapse)'와 '타임랩스(Time Laspe)'는 긴 시간 동안 진행되는 일을 짧은 영상에 담는 기법입니다. 일출이나 일몰, 건물이 지어지는 과정, 꽃이 개화하는 과정 등을 촬영할 때 사용됩니다. 타임랩스는 카메라가 고정된 상태에서 촬영하고, 하이퍼랩스는 카메라를 이동하면서 촬영합니다.

안드로이드 폰에는 '하이퍼랩스' 기능, 아이폰에는 '타임랩스' 기능이 탑재돼 있습니다. 이 기능을 사용하면 카페의 전경을 좀 더 역동적으로 담아 낼 수 있습니다.

▲ 하이퍼랩스/타임랩스 촬영 영상

02 카메라 트랜지션 기법 알아보기

1 카메라를 위로 이동하며 장면 전환하기

카페 외부에서 입구로 화면을 한 번에 전환히려고 합니다. 첫 번째 영상의 경우, 카페 외부를 촬영하다가 카메라를 위로 빠르게 올려 하늘을 비춥니다. 두 번째 영상의 경우, 카페 입구의 바닥을 촬영하다가 카메라를 빠르게 정면으로 올리며 카페 내부를 비춥니다. 편집 과정에서 이 두 영상을 연결할 예정입니다.

2 카메라를 왼쪽으로 이동하며 장면 전환하기

카페의 내부를 촬영하려고 합니다. 첫 번째와 두 번째 영상 모두 카메라를 오른쪽에서 왼쪽으로 빠르게 이동하며 촬영하세요. 카메라가 오른쪽에서 왼쪽으로 이동하는 부분에서 두 장면을 연결할 예정입니다.

3 카메라를 서서히 기울이며 장면 전환하기

영상을 촬영할 때 카메라를 오른쪽으로 서서히 기울입니다. 두 영상의 기울어진 정도가 일치하는 지점에서 이어 붙일 예정입니다.

4 카메라를 왼쪽으로 90도 기울이며 장면 전환

첫 번째 영상의 경우, 카메라를 90도로 빠르게 기울이며 촬영을 마칩니다. 두 번째 영상은 90도로 빠르게 기울이면서 촬영을 시작합니다. 각각의 장면이 45도로 기울어진 지점에서 두 영상을 연결하면 카메라가 기울어지며 장면이 전환되는 것처럼 보입니다.

5 카메라를 이동하면서 특정 사물을 기준으로 장면 전환하기

테이블이나 바닥, 기둥 등 지면과 평행 또는 수직이 되는 선을 기준으로 장면을 전환할 수 있습니다. 예를 들면, 테이블의 위에서 아래로 카메라를 이동하며 테이블 아래에서 다른 장면이 서서히 드러나도록 연출하는 것입니다. 이때 같은 방향으로 이동하며 촬영해야 장면이 자연스럽게 연결됩니다.

 +

▲ 저자의 영상 강의를 시청하며 카메라 트랜지션 방법을 더 쉽게 익혀 보세요.

영상 편집

QUICK STEP

장면 전환을 위해 크로마키 사전 작업하기 ▶ 크로마키 기능을 이용해 장면 전환 효과 주기 ▶ 카메라 트랜지션과 배경 음악을 고려해 컷 편집하기 ▶ 오프닝 효과 적용하기 ▶ 마무리 자막 넣기

무작정 따라하기 01 장면 전환을 위해 사전에 크로마키 작업하기

1 '키네마스터' 앱을 실행해 새로운 프로젝트를 '9:16' 비율로 생성한 후 [미디어](🖼)를 눌러 영상을 불러옵니다.

▲ 저자의 영상 강의를 시청하며 편집 과정을 더 쉽게 익혀 보세요.

2 카메라를 탁자 밑으로 서서히 이동하면서 다른 장면이 탁자 아래에 나타나도록 화면을 전환할 예정입니다. 탁자 아래에 새로운 장면이 나타나는 지점에 플레이헤드를 두고 [레이어](⬚) - [미디어](🖼)를 누릅니다.

3 [사진](🖼) – [이미지 에셋]에서 검은색 이미지를 불러옵니다.

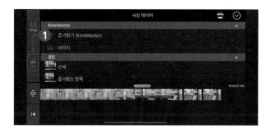 

TIP 안드로이드폰의 경우에는 [미디어 브라우저] - [이미지]에서 이미지를 불러옵니다.

4 크로마키 기능을 사용하기 위해 [색상](🖼)을 눌러 이미지를 초록색으로 변경합니다. 탁자 아래를 초록색 이미지로 채운 후 크로마키 기능을 이용해 해당 부분에 다른 영상을 합성할 예정입니다. 카메라 움직임에 따라 초록색 이미지가 이동하도록 화면 좌측의 [애니메이션](●)을 누릅니다.

5 카메라를 테이블 아래로 점점 내리면 새로운 장면이 드러나다가 나중에는 그 장면이 화면 전체를 꽉 채우도록 연출하려고 합니다. 두 번째 장면이 시작되는 지점에 플레이헤드를 두고 초록색 이미지가 화면에 꽉 차도록 키웁니다. 이미지의 크기나 위치가 변경되면 타임라인 위에 ◉가 생성됩니다.

6 이번에는 초록색 이미지의 최초 위치를 지정합니다. 플레이헤드를 이미지 클립의 맨 앞에 두고 초록색 이미지를 화면 아래에 딱 맞게 끌어내립니다.

7 플레이헤드를 조금씩 이동하며 탁자의 이미 신과 초록색 이미지의 위 모시티를 맞춥니다.

> **TIP** 카메라 움직임에 맞춰 초록색 이미지로 탁자 아랫부분을 완벽하게 가려야만 장면을 자연스럽게 전환할 수 있습니다.

8 [내보내기 및 공유](⬆)를 누른 후 해상도를 'FHD 1080p', 프레임레이트를 '30'으로 설정하고 [내보내기]를 누릅니다.

> **TIP** 16:9 비율로 새로운 프로젝트를 생성한 후 화면 전환이 필요한 다른 영상 클립에도 같은 방법으로 초록색 이미지를 덧씌웁니다.

9 같은 방법으로 다음 장면으로 전환될 영상을 만들어 둡니다.

1 새로운 프로젝트를 '16:9' 비율로 생성한 후 [미디어]( ) – [사진]( ) – [이미지 에셋]에서 검은 색 이미지를 불러오고 클립 길이를 여유 있게 늘입니다.

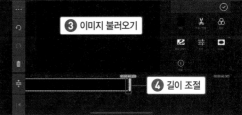

2 타임라인 맨 앞으로 이동한 후 [레이어]( ) – [미디어]( )를 눌러 **무작정 따라하기 01** 에서 작업한 첫 번째 영상을 불러옵니다.

TIP [크로마키] 기능을 적용하려면 사진이나 영상을 [레이어]( ) - [미디어]( )로 불러와야 합니다. [미디어]( )를 눌러 바로 불러온 경우에는 이 기능을 사용할 수 없습니다.

3 [화면 분할]( )을 누르고 ▭를 선택해 불러온 영상을 화면 전체에 가득 채웁니다.

4 초록색 이미지가 나타나기 직전에 플레이헤드를 위치시킵니다. [레이어](🐝) – [미디어](🖼️)를 눌러 무작정 따라하기 01 에서 작업한 두 번째 영상을 불러옵니다.

5 [화면 분할](🔲)에서 🔲를 눌러 전체 화면 모드로 변경합니다.

6 첫 번째 영상의 초록색 부분에 두 번째 영상이 나타나도록 만들어 보겠습니다. 우선 두 번째 영상 클립을 첫 번째 영상 클립의 뒤로 정렬해야 합니다. 첫 번째 영상 클립을 선택한 상태에서 ■■ – [맨 앞으로 가져오기]를 누릅니다.

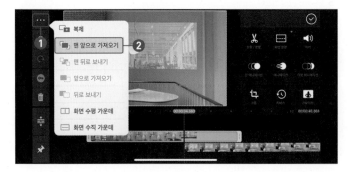

7 첫 번째 영상을 선택한 상태에서 [크로마키]([■])를 눌러 [적용]을 활성화합니다.

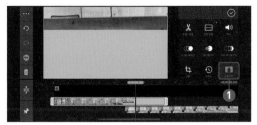 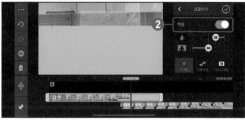

8 [키 색상]을 초록색으로 변경하면 초록색 영역이 사라지고 뒤에 있는 영상이 나타납니다. [마스크 모드]([■])를 눌러 2개의 숫자 바를 조절하면서 검은색과 흰색을 구분합니다.

TIP 마스크 모드에서는 크로마키 기능을 적용했을 때 사라지는 부분을 검은색, 남는 부분을 흰색으로 확인할 수 있습니다.

9 2개의 숫자 바를 각각 '60', '0'으로 맞추면 화면이 검은색, 흰색으로 뚜렷하게 구분됩니다. [마스크 모드]를 한 번 더 눌러 해제하면 초록색 이미지 대신 두 번째 영상이 나타나는 것을 알 수 있습니다.

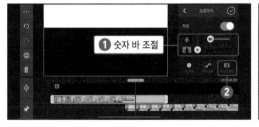 

10 두 번째 영상의 앞부분을 조금 잘라 낼 예정인데 잘라 낸 후에 클립을 두 번째 영상이 시작되는 시점으로 다시 이동시켜야 합니다. 빨간색 타임 코드를 누르면 보라색으로 바뀌며 북마크를 해 둘 수 있습니다. 다른 구간에서 작업하다가 보라색 북마크를 클릭하면 플레이헤드가 그 지점으로 이동합니다.

11 영상에서 필요없는 앞부분은 [트림/분할](■) – [플레이헤드의 왼쪽을 트림]을 눌러 잘라 냅니다.

12 자른 클립을 잡고 과정 **10**에서 북마크해 둔 지점으로 이동시킵니다.

13 장면이 전환되는 다른 부분도 [크로마키] 기능을 적용한 후 [내보내기 및 공유](⬆)를 눌러 해상도를 'FHD 1080p', 프레임레이트를 '30'으로 설정하고 [내보내기]를 누릅니다.

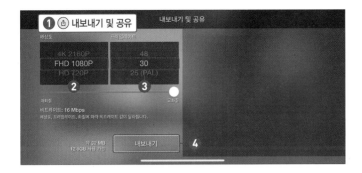

▲ TIP 사진첩에 새로운 앨범을 생성해 최종 편집에 필요한 장면을 모아 두면 영상을 효율적으로 편집할 수 있습니다. 사전 작업을 모두 마쳤으므로 장면을 순서대로 연결해 다듬기만 하면 됩니다.

무작정 따라하기 03 | **카메라 트랜지션과 배경 음악을 고려해 컷 편집하기**

◀ 저자의 영상 강의를 시청하며 편집 과정을 더 쉽게 익혀 보세요.

1 새로운 프로젝트를 '16:9' 비율로 실행한 후 사전 작업을 마친 장면들을 순서대로 불러옵니다.

2 영상의 배경 음악과 장면이 잘 어우러지도록 하려면 음악을 삽입한 상태로 작업하는 것이 좋습니다. [오디오](♫)를 눌러 배경 음악을 불러옵니다. 영상을 촬영할 때 함께 녹음된 소리는 필요 없으므로 가가의 클립을 선택하고 [미서](🔇)를 '음소거'합니다.

스마트폰 영상 편집 | 167

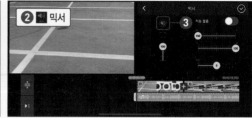

TIP 음악의 리듬을 고려해 장면을 전환하려면 음악을 반복해 재생하며 장면 전환 타이밍을 생각해 놓는 것이 좋습니다.
여기서는 배경 음악으로 'Breathtaking'을 선택했습니다.

3 156쪽 ▥민 촬영 영상을 편집해 보겠습니다. 영상의 첫 번째 장면으로는 '하이퍼랩스' 촬영 영상을 넣었습니다. 카메라를 하늘 쪽으로 빠르게 이동시키는 부분만 사용하기 위해 카메라를 움직이기 1~2초 전쯤에서 앞부분을 잘라 냅니다. [트림/분할](▦) – [플레이헤드의 왼쪽을 트림]을 누릅니다.

4 카메라가 빠르게 이동하면서 다음에 이어지는 카페 입구 장면으로 전환되게 할 예정입니다. 카메라가 하늘 쪽으로 움직이는 지점에서 [트림/분할](▦) – [플레이헤드의 오른쪽을 트림]을 눌러 영상의 뒷부분도 잘라 냅니다.

5 두 번째는 카페의 입구로 들어서는 장면을 편집해 보겠습니다. 바닥에서 정면으로 카메라를 빠르게 이동하면서 촬영을 시작했었죠? 첫 번째 장면에서 두 번째 장면으로 전환될 때 카메라가 하늘을 잠깐 보여 줬다가 카페 입구로 순간 이동한 것처럼 보이도록 카메라가 바닥에서 정면으로 이동하는 지점의 앞부분을 잘라 냅니다.

6 두 번째 장면은 카메라를 정면에서 왼쪽으로 빠르게 이동하며 촬영을 마무리했습니다. 카메라가 빠르게 이동하는 순간에서 장면을 마무리합니다. [트림/분할](■) – [플레이헤드의 오른쪽을 트림]을 누르세요.

7 두 번째 장면의 끝부분에서 카메라가 왼쪽으로 이동하면서 세 번째 장면으로 전환됩니다. 세 번째 장면은 카메라가 왼쪽으로 빠르게 이동하는 지점에서 클립의 앞부분을 잘라 냅니다. 이러한 방식으로 계속 장면을 편집해나갑니다.

8 빵을 보여 주는 장면에서는 일부 클립은 빠르게, 일부 클립은 느리게 조정해 보겠습니다. 속도를 조절할 구간을 분할한 후 각 클립을 선택하고 [속도]를 눌러 속도를 조절합니다. 한 장면 안에서 부분적으로 속도를 다르게 조절하면 감각적인 영상을 만들 수 있습니다. 하지만 자연스러운 카메라 트랜지션을 위해 클립의 시작과 마지막의 부분 속도는 '1×'로 설정해야 합니다.

9 이번에는 장면이 오른쪽으로 빠르게 회전하면서 다음 장면으로 연결되도록 합니다. 카메라가 빠르게 회전하는 타이밍에서 각각의 클립을 잘라 냅니다. 나머지 장면도 같은 방법으로 편집합니다.

10 마지막에는 마무리 자막을 넣습니다. 장면이 움직이는 속도가 빠르므로 이 부분의 클립 속도를 낮춰 줍니다. 속도를 조절할 구간을 [트림/분할]( ) – [플레이헤드에서 분할]을 눌러 분할하고 속도를 낮춥니다.

11 영상 마지막 부분에서 배경 음익이 짐짐 줄어들도록 [프로젝트 실정](⊙) – [오디오]에서 '오디오 페이드 아웃'을 활성화합니다.

12 [비디오]에서 '비디오 페이드 아웃'도 활성화해 영상이 서서히 어두워지면서 끝나도록 합니다. ⊙을 눌러 빠져나옵니다.

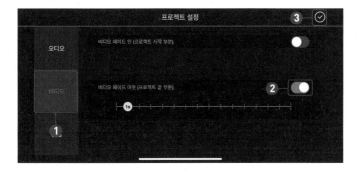

13 [내보내기 및 공유]((⊙))를 누른 후 해상도를 'FHD 1080p', 프레임레이트를 '30'으로 설정하고 [내보내기]를 눌러 영상을 사진첩에 저장합니다.

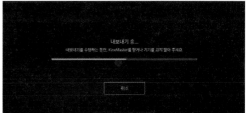

1 '16:9' 비율의 새로운 프로젝트를 실행한 후 [미디어](📹)를 눌러 무작정 따라하기 03 에서 완성한 영상을 불러옵니다. 색 필터를 적용하기 위해 [필터]를 누른 후 '흐림'의 네 번째 필터를 적용했습니다.

2 오프닝 효과를 적용하기 위해 [레이어](🎬) – [스티커](🔵)를 누른 후 [에셋 스토어](🎞)에 접속합니다.

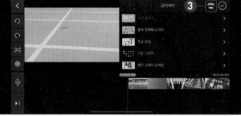

3 [스티커] – [프레임]에서 '시네마틱 오프닝'을 다운로드해 타임라인에 추가합니다.

> **TIP** '시네마틱 오프닝'은 장면이 검은색 화면에서 시작해 위아래로 열리듯이 나타나는 효과입니다.

4 [레이어](⛃) – [스티커](◐)를 누른 후 에셋 스토어에 접속해 [스티키](◐) – [프레임]에서 '시네마틱 프레임'을 다운로드합니다.

5 '시네마틱 프레임'을 '시네마틱 오프닝' 스티커가 끝나는 지점에 추가해 화면 비율을 일정하게 유지합니다.

TIP '시네마틱 프레임' 스티커는 화면 위아래에 적용하는 검은색 띠입니다. '16:9'의 화면 비율을 '1.85:1'이나 '2.35:1'로 바꿀 수 있습니다.

6 '시네마틱 프레임' 스티커 클립을 타임라인 끝까지 늘려 영상 전체에 적용합니다.

길이 조절

1 [레이어](🎞) – [텍스트](T)를 눌러 마무리 자막을 넣으세요. 자막의 폰트와 색도 원하는 대로 설정합니다.

> **TIP** 에셋 스토어의 [글꼴] – [필기체]에서 다운로드한 'Tangerine Bold'를 적용했습니다.

2 자막의 [인 애니메이션](■)은 '왼쪽으로 닦아내기'로, [아웃 애니메이션](■)은 '오른쪽 닦아내 기'로 설정했습니다. 특히 자막이 사라질 때는 흰색 기둥에 가려지면서 사라지도록 [아웃 애니메이 션](■)의 시간을 조절했습니다.

3 ⋯ – [복제](🔲 복제)를 눌러 앞서 넣었던 자막을 복제한 후 원하는 지점으로 옮기고 내용을 수정합니다.

4 자막을 복제하면 [인/아웃 애니메이션]도 똑같이 적용되기 때문에 마지막 자막의 [인 애니메이션](■)은 '오른쪽으로 닦아내기', [아웃 애니메이션](■)은 '없음'으로 변경합니다.

5 영상을 처음부터 끝까지 재생해 보며 더 수정할 부분이 없는지 확인하세요. 이상이 없다면 [내보내기 및 공유](⬆)를 눌러 해상도를 '1080p', 프레임레이트를 '30'으로 설정하고 [내보내기]를 누릅니다.

지금 당장 시작하는
나만의 유튜브 채널

내가 만든 영상을 전 세계 사람과 공유할 차례입니다.

유튜브 채널을 만들고 디자인하면서

더 많은 시청자에게 콘텐츠를 전달할 수 있는 방식을 고민해 봅시다.

DAY 09 준비 끝, 유튜브 채널 오픈!
DAY 10 내 영상을 유튜브의 바다로 떠나보내다!

준비 끝,
유튜브 채널 오픈!

☑ **CHECK POINT**
◯ 구글 아이디 새로 만들기
◯ 유튜브 브랜드 채널 개설하고 채널 인증하기
◯ 유튜브 채널 디자인하기

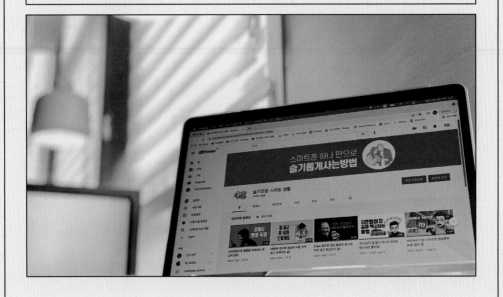

▶ 유튜브 채널을 만들고 꾸민다는 것은 온라인 세상에 하나뿐인 내 공간을 만들고 꾸미는 것과 같습니다.
대부분의 시청자들은 자신이 원하는 영상만 찾아서 볼 뿐, 특정 채널을 검색해 방문하지는 않습니다. 누군가 내 영상 콘텐츠를 시청한 후 내 채널을 클릭했을 때, 채널의 특성과 장점을 보여 줄 수 있는 요소는 매우 중요합니다. 배너 이미지로 내 채널명과 특징을 알리고, 재생 목록을 깔끔하게 정리해 내 콘텐츠의 종류를 보여준다면 예비 구독자를 사로잡을 수 있을 것입니다.
여러분의 채널을 만들고 멋지게 디자인해서 많은 유튜브 사용자를 여러분의 공간에 초대해 보세요!

유튜브 채널 개설

STEP 01

⏪ ⏩ ⏺ ⏸ ⏹

무작정 따라하기 01 | 구글 계정 생성하기

1 유듀브 채널을 개설하려면 구글 계정이 필요합니다. 인터넷 웹 브라우저를 연 후 유튜브 사이트 (youtube.com)에 접속하고 오른쪽 위의 [로그인]을 클릭하세요.

TIP 이미 로그인돼 있다면 오른쪽 위의 프로필 아이콘을 누르고 [로그아웃]합니다. 새 계정을 만들어 보겠습니다.

잠깐만요 채널에 어울리는 구글 계정 생성하기

이미 구글 계정 하나쯤은 갖고 있겠지만, 운영하려는 유튜브 채널에 맞는 아이디를 새로 만드는 것을 추천합니다. 특히, 계정 아이디를 채널명과 어울리게 정하는 것을 추천합니다. 유튜브 채널이 성장하면 이메일을 통해 여러 가지 문의가 들어오기 때문입니다. 예를 들어, 유튜브 채널명이 '슬기로운 스마트 생활'이고, 해당 구글 계정이 'wisesmartlife@gmail.com'라면 관련성이 느껴집니다.

2 [다른 계정 사용]을 선택하고 [계정 만들기] – [본인 계정]을 클릭합니다.

3 이름을 입력한 후 [새로운 Gmail 주소 만들기]를 눌러 아이디를 생성합니다. 다음 단계에서 계정 인증을 위해 연락처를 입력한 후 나머지 빈칸도 채우고 [다음]을 클릭합니다.

4 [보내기]를 클릭하면 문자 메시지로 여섯 자리 인증 번호가 도착합니다. 인증 번호를 입력한 후 [확인]을 클릭하고 다음 단계를 확인한 다음, 계정 만들기를 마무리합니다.

무작정 따라하기 02 | 브랜드 채널 만들기

1 유튜브 사이트 화면 오른쪽 위의 아이콘을 클릭해 [채널 만들기]를 선택합니다. 구글 계정을 만들 때의 이름으로 '개인 채널'을 만듭니다.

TIP 하나의 구글 계정으로 여러 개의 브랜드 채널을 생성할 수 있으며, 여러 사용자가 각자의 계정을 이용해 공동으로 하나의 브랜드 계정을 관리할 수 있습니다.

2 오른쪽 위의 아이콘을 클릭해 [설정]으로 들어간 후, [새 채널 만들기]를 클릭합니다. 채널명을 입력하고 [만들기]를 클릭하면 '브랜드 채널'이 추가로 생성됩니다. 이제부터는 앞서 만든 '개인 채널'이 아닌 '브랜드 채널'로 운영하는 것이 좋습니다.

TIP 채널명은 나중에 브랜드가 될 수 있으므로 신중하게 결정해야 합니다. 채널명을 들었을 때 쉽게 기억할 수 있고, 어떤 콘텐츠를 다루는 채널인지 알 수 있게 정하는 것이 좋습니다.

3 영상을 자유롭게 업로드하고 썸네일을 등록하기 위해서는 채널 인증을 마쳐야 합니다. 오른쪽 위의 아이콘을 클릭해 [설정]을 선택합니다.

4 [계정]에서 [채널 상태 및 기능]을 클릭합니다.

5 [기능 사용 자격요건]을 클릭한 후 [전화 인증이 필요한 기능]을 클릭해 [전화번호 인증]을 진행
합니다.

6 [문자 메시지로 받기]를 선택한 후 전화번호를 입력하고 [제출]을 클릭합니다. 문자 메시지로 오는 여섯 자리 인증 코드를 입력해 인증을 마칩니다.

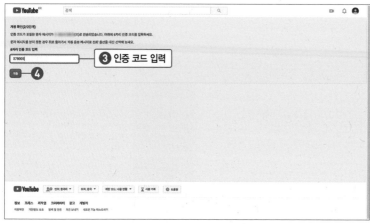

유튜브 채널 디자인하기

채널을 디자인할 차례입니다. 배너 이미지와 채널 아이콘, 동영상 워터마크를 만들어 보겠습니다. 디자인 감각이 없더라도 너무 걱정하지 마세요. 다양한 템플릿을 활용할 수 있는 사이트인 '미리캔버스'를 이용하면 완성도 높은 이미지를 간단히 제작할 수 있습니다.

배너 이미지는 유튜브 채널의 상단에 나타나는 대문 이미지로, '채널 아트'라고도 합니다. 내 채널의 성격을 보여 줄 수 있는 중요한 요소입니다.

프로필 사진은 채널명 바로 옆에 나타나는 이미지입니다. 작게 보이기 때문에 너무 많은 정보를 담기보다는 채널을 표현하는 상징적인 이미지를 등록하는 것이 좋습니다.

동영상 워터마크는 유튜브 채널에 업로드하는 영상 오른쪽 아래에 넣는 이미지입니다. 워터마크를 클릭하면 채널을 바로 구독할 수 있습니다.

1 웹 브라우저를 실행한 후 '미리캔버스(miricanvas.com)' 사이트에 접속합니다.

TIP '미리캔버스' 사이트를 원활하게 이용하려면 회원 가입을 해야 합니다.

2 로그인을 한 후 [새 문서 만들기]를 클릭하면 여러 가지 디자인 형식 중 원하는 것을 선택할 수 있습니다. [유튜브 / 팟빵] – [채널 아트]를 선택합니다.

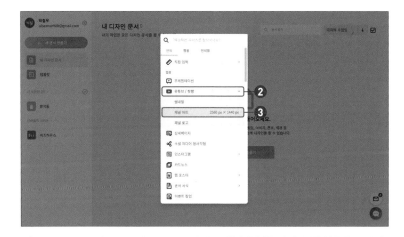

TIP '배너 이미지'의 이전 명칭이 바로 '채널 아트'입니다. 크기가 유튜브 배너 이미지에 최적화된 '2560픽셀×1440픽셀'로 설정됩니다.

3 새 캔버스가 열리면 디자인을 본격적으로 시작할 수 있습니다. 원하는 대로 자유롭게 디자인해도 되지만, 미리캔버스에서 제공하는 '템플릿'을 활용하면 완성도 높은 이미지를 쉽게 완성할 수 있습니다. 왼쪽의 템플릿 목록에서 원하는 디자인을 선택해 보세요.

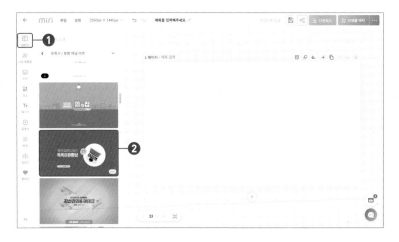

4 선택한 템플릿을 응용해 내게 필요한 디자인을 완성해 봅시다. [요소]에서 필요한 일러스트를 검색해 삽입한 후 크기와 위치를 조절해 보세요.

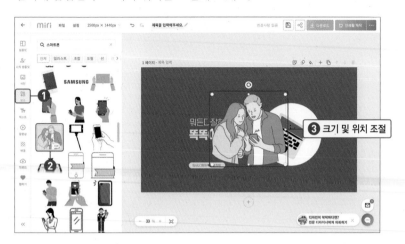

5 글자를 선택하면 내용을 수정할 수 있습니다. 자신의 채널명을 입력하세요. 글꼴과 크기, 위치도 어울리게 변경해 봅시다.

TIP 배너 이미지에는 채널명뿐 아니라 내 채널의 매력 요인을 드러낼 수 있는 문구를 추가하는 것이 좋습니다.

6 디자인이 완성되면 오른쪽 위의 [다운로드]를 클릭하고, [고해상도 다운로드]를 클릭해 저장합니다. '배너 이미지'로 등록하려면 크기가 6MB 이하여야 하므로 저장된 파일의 크기를 확인합니다.

▲ TIP 이미지는 기본적으로 [내 PC] - [다운로드] 폴더에 저장됩니다.

무작정 따라하기 02 **프로필 사진 제작하기**

1 이번에는 '프로필 사진'을 만들어 보겠습니다. [파일] – [새 디자인 만들기]를 클릭한 후 [유튜브 / 팟빵] – [채널 로고]를 선택합니다.

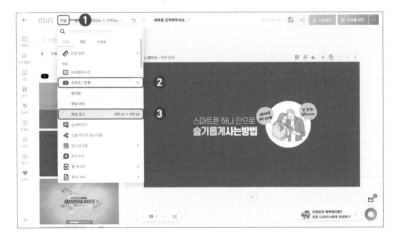

2 템플릿을 활용할 수도 있지만, 이번에는 이미지만을 이용해 디자인하겠습니다. [요소]에서 적당한 이미지를 선택하세요.

3 [텍스트]를 추가한 후 내용을 수정합니다.

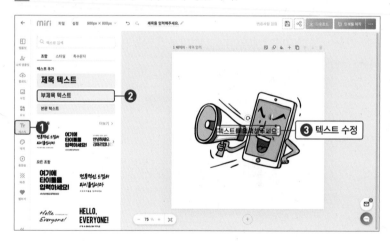

4 글꼴, 크기 등을 변경한 후 위치를 조절합니다. 디자인이 완료되면 오른쪽 위의 [다운로드]를 눌러 'JPG' 형식으로 저장합니다.

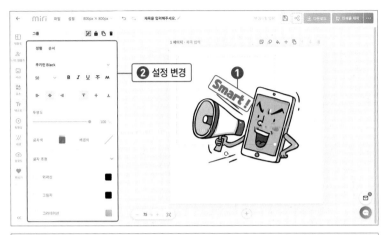

무작정 따라하기 03 | 동영상 워터마크 제작하기

1 [파일] – [새 디자인 만들기]를 클릭해 새 문서를 연 후 [요소]에서 도형을 삽입하고 색과 크기를 적절히 조절하세요.

2 텍스트를 추가해 원하는 문구를 입력하고, 색과 글꼴을 변경합니다.

3 흰색 바탕은 제거하고 빨간색 네모 영역만큼만 저장하기 위해서는 [다운로드] 버튼을 눌러 PNG 를 선택한 후 [투명한 배경]이라는 항목에 체크 표시를 해야 합니다.

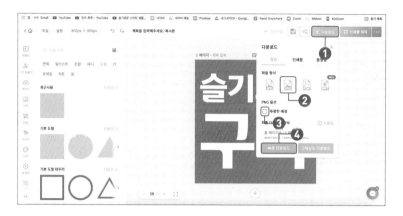

채널 맞춤설정하기

1 유튜브 사이트 오른쪽 위의 아이콘을 클릭해 [내 채널]을 선택합니다.

2 [채널 맞춤설정]을 클릭합니다.

3 [맞춤설정] – [브랜딩]을 클릭하면 프로필 사진, 배너 이미지, 동영상 워터마크를 등록할 수 있습니다. '프로필 사진'부터 등록해 보겠습니다. [업로드]를 눌러 미리 만들어 둔 이미지 파일을 불러옵니다.

TIP 이미지를 한 번 업로드한 후에는 [업로드]가 [변경]으로 바뀝니다.

4 영역을 조정한 후 [완료]를 클릭하면 프로필 사진이 등록됩니다.

5 '배너 이미지' 오른쪽의 [업로드]를 클릭해 이미지 파일을 불러옵니다. 배너 이미지가 TV, 데스크톱, 스마트폰과 같은 다양한 기기에서 어떻게 보이는지 확인할 수 있습니다.

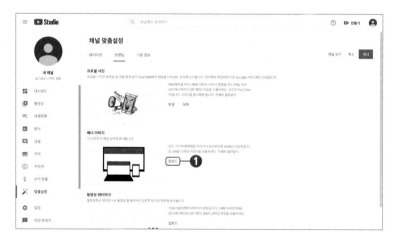

TIP '데스크톱에 표시 가능' 영역은 PC 환경, '모든 기기에 표시 가능' 영역은 모바일 환경에 보이는 부분입니다. 중요한 부분이 잘리지 않았는지 확인하세요.

6 동영상 워터마크를 업로드합니다. [업로드]를 클릭해 이미지를 불러온 후 나타내고자 하는 영역을 선택합니다.

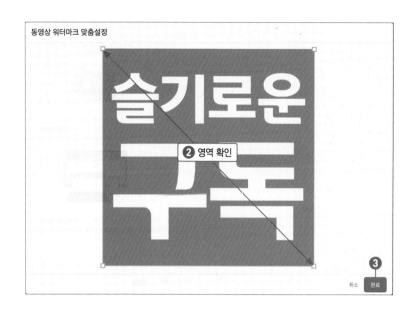

동영상 워터마크 맞춤설정

❷ 영역 확인

❸

취소 완료

잠깐만요 동영상 워터마크 표시 위치 살펴보기

동영상 워터마크는 화면 오른쪽 아래에 버튼처럼 표시되며, 마우스 포인터를 올려 놓으면 [채널 구독] 버튼이 활성화됩니다. 구독자를 늘리기 위한 유도 장치는 가능한 한 모두 활용하는 것이 좋습니다.

7 동영상 워터마크의 '표시 시간'을 선택합니다. 워터마크가 등장하는 시점을 정할 수 있습니다.

> **TIP** '맞춤 시작 시간'을 선택하면 워터마크가 나타나기 시작하는 지점을 직접 정할 수 있습니다.

8 마지막으로 내 채널에 대한 설명을 등록합니다. [기본 정보]에서 '채널 설명'과 '연락처 정보'를 입력합니다. [채널 설명]은 시청자에게 채널을 직접 소개하는 부분이므로 정확하고 친절하게 적는 것이 좋습니다.

내 영상을 유튜브의 바다로 떠나보내다!

▶ 드디어 내 영상을 드넓은 유튜브의 바다로 떠나보낼 때가 되었습니다. 멋지게 디자인한 내 채널에 첫 영상을 업로드해 봅시다.

영상을 업로드하기 전에 썸네일 이미지를 준비해야 합니다. 썸네일은 영상이 어떤 내용을 담고 있는지 미리 보여줄 수 있는 이미지로, 영상 시청 여부를 결정하는 중요한 요소입니다. 따라서 작은 화면에서 보아도 눈에 확 띄도록 상징적인 이미지와 핵심 문구를 조합해 만들어야 합니다. 또한, 아무리 좋은 영상을 만들었다고 해도 업로드 설정 방법에 따라 시청자들의 반응이 달라질 수 있습니다. 시청자들의 선택을 받고, 채널 구독으로 이어질 수 있는 설정법을 살펴봅시다.

STEP 01 · '키네마스터' 앱으로 썸네일 만들기

1 썸네일을 만드는 방법은 다양하지만, '키네마스터' 앱을 이용해 간단히 만들어 보겠습니다. 키네마스터 앱을 실행한 후 '16:9' 비율로 프로젝트를 생성합니다.

2 [미디어]를 선택한 후 준비한 이미지를 타임라인에 불러옵니다.

◤ **TIP** 이미지는 저작권 무료 이미지 사이트에서 찾아보거나 본인이 직접 연출해 촬영하는 것도 좋습니다.

3 [레이어] – [텍스트]를 눌러 원하는 문구를 입력한 후 디자인합니다. 주목성을 높이기 위해 두꺼운 폰트로 변경하고 크기와 위치, 색상도 눈에 잘 띄도록 설정했습니다.

 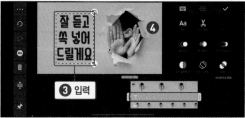

4 디자인이 끝나면 썸네일로 사용하고 싶은 장면에 플레이헤드를 둔 상태에서 왼쪽 중간의 [캡처] (⬚) 버튼을 눌러 [캡처 후 저장]을 선택하면 이미지가 사진첩에 저장됩니다.

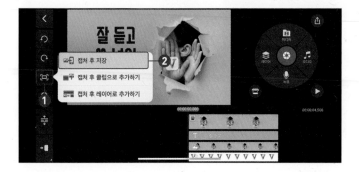

5 캡처한 이미지는 사진첩에 저장됩니다.

STEP 02 유튜브 채널에 영상 업로드하기

무작정 따라하기 01 | **영상 세부 설정하고 업로드하기**

1 유튜브 웹 사이트에 접속해 오른쪽 위(▣)를 클릭한 후 [농영상 업로드]를 선택합니다.

2 새창이 나타나면 [파일 선택]을 클릭해 업로드할 동영상을 불러옵니다.

3 '세부정보' 항목에서 '제목'과 '설명'을 입력합니다. [설명]을 입력할 때는 핵심 내용을 먼저 적는 것이 좋습니다. 80자 내외가 영상 리스트에서 미리 보이기 때문입니다. 또한 [설명]의 끝부분에 '#○○○'와 같은 해시태그를 넣어 주면 업로드되는 영상의 제목 위에 최대 3개의 해시태그가 함께 나타납니다.

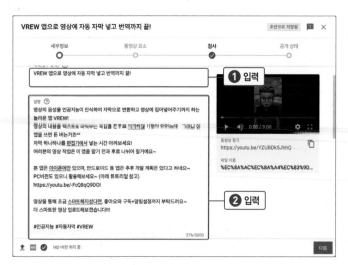

> **TIP** '제목'은 '썸네일'과 함께 잠재적인 시청자들에게 어필할 수 있는 매우 중요한 요소입니다. 내 영상에 접근할 수 있는 사람들이 어떠한 키워드로 검색할지, 제목을 봤을 때 영상 재생을 누르고 싶은 마음이 생기는지 고민해야 합니다.

4 [미리보기 이미지] 항목에서는 기본적으로 3개의 이미지를 랜덤으로 추천해 줍니다. 그러나 [미리보기 이미지 업로드]를 눌러 직접 만든 썸네일을 적용합니다. 이 영상과 관련 있는 재생목록이 있을 경우 선택합니다.

TIP [재생목록]은 카테고리를 나눠 영상들을 분류할 수 있는 기능인데, 채널에 영상이 어느 정도 쌓였을 때 설정하는 것이 좋으므로 첫 영상을 업로드할 때는 그대로 둬도 괜찮습니다.

5 [시청자층]이 '아동용'인지 아닌지 체크하는 필수 항목이 있습니다. '아동용' 콘텐츠는 광고와 댓글을 사용할 수 없습니다.

6 [자세히 보기]를 클릭하면 더 많은 메뉴가 나타납니다. 그중 검색에 영향을 미칠 수 있는 [태그] 항목에는 영상과 관련이 있는 키워드를 15개 이내로 입력하세요. 사람들이 어떤 검색어를 통해 이 영상으로 유입될지 고려해야 합니다.

7 [카테고리]를 눌러 적절한 항목을 선택한 후 오른쪽 아래의 [다음]을 클릭합니다.

TIP [동영상 요소]는 채널에 첫 영상을 업로드할 때는 설정하기 어려우므로 지금은 생략하고 뒤에서 다시 다루겠습니다.

8 [공개 상태]에서 [공개]로 설정해 바로 게시해도 되고, [예약]을 눌러 업로드되는 일시를 정할 수도 있습니다. 게시된 후에 내 채널을 새로고침해 영상이 정상적으로 업로드됐는지, 재생이 잘되는지 확인해봅니다.

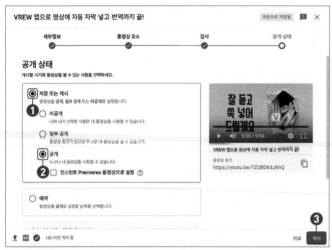

TIP 시청자들에게 기대감을 주기 위해서는 정기적인 요일과 시간을 정해 업로드하는 것도 좋은 방법입니다. 이때에는 [예약] 설정 기능을 이용하세요.

1 동영상이 끝난 후 '최종 화면'에 콘텐츠를 추가해 내 채널을 홍보할 수 있습니다. [동영상 요소] 항목의 [최종 화면 추가]의 [추가] 버튼을 누릅니다.

TIP 25초 미만의 영상에서는 최종 화면을 추가할 수 없습니다.

2 추천 구성 요소가 나타난다면 그중에서 선택해도 되고, [요소]를 클릭하여 원하는 대로 추가해도 됩니다.

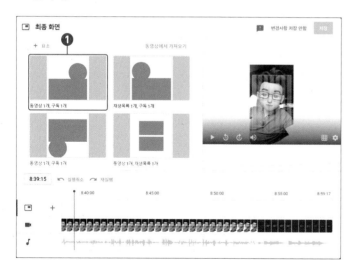

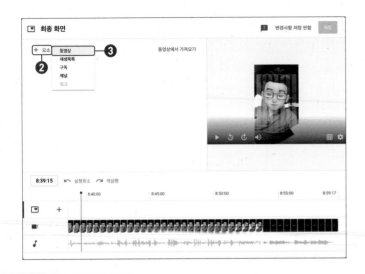

3 시청자에게 어떤 동영상을 추천할 것인지, 3가지 '동영상 요소' 중에서 하나를 선택합니다. 최종 화면에 넣을 수 있는 [동영상] 요소의 최대 개수는 3개지만, 영상의 화면 비율에 따라 달라지기도 합니다.

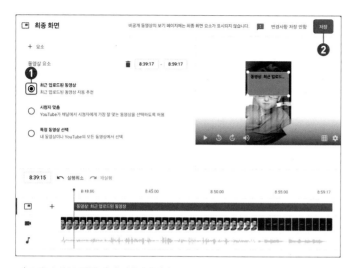

4 [요소]를 한 번 더 클릭합니다. 이번에는 [구독]을 선택해 최종 화면에 추가합니다. 동영상과 구독 등과 같은 각 요소의 노출 시간을 조절하고 [저장]을 누릅니다.

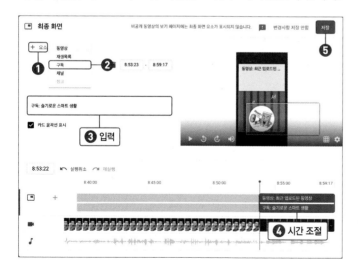

TIP 최종 화면 요소가 노출되는 시간은 최소 5초, 최대 20초입니다.

5 이번에는 [카드 추가]에서 [추가]를 클릭합니다.

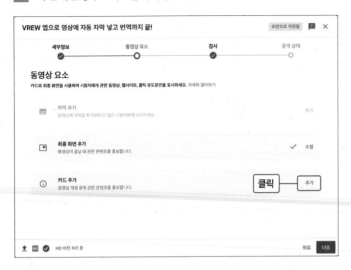

6 '카드 유형'에서 [동영상]을 선택하면 영상이 재생되는 동안 다른 영상의 링크를 노출할 수 있습니다. 예를 들어, 영상에서 "지난주에 제가 올린 동영상 보셨나요?"라는 멘트를 했다면 그 시점에 해당 영상을 카드로 추가하는 것입니다.

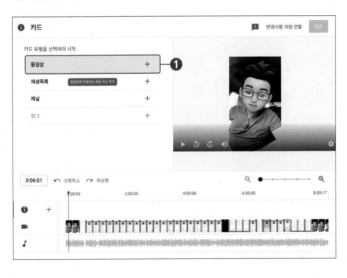

7 화면 오른쪽 위에 영상의 제목이 보입니다. '티저 텍스트'에서 문구를 바꿀 수 있습니다.

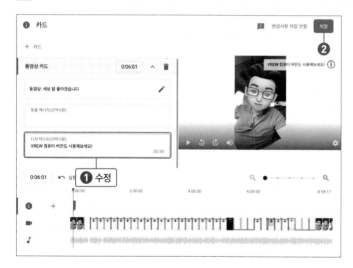

채널 관리하기

STEP 03

무작정 따라하기 01 | 재생목록 생성하기

1 '재생목록'은 업로드한 영상들을 주제별로 분류하는 경우나 시리즈 영상을 추천하는 경우에 유용합니다. 유튜브 메인 화면 오른쪽 위의 아이콘을 눌러 [Youtube 스튜디오]로 이동합니다.

2 [Youtube 스튜디오]에서는 내 채널의 설정을 변경하고, 구독자나 조회수 현황 등을 분석할 수 있습니다. 왼쪽 메뉴 중 [재생목록]에 접속해 오른쪽 위의 [새 재생목록]을 클릭합니다.

3 재생목록의 제목을 입력하고 [만들기]를 클릭하면 목록에 추가됩니다. 새로 추가한 재생목록에 마우스 커서를 올려 놓은 후 [수정]을 누릅니다.

4 ⋯를 클릭하고 [동영상 추가]를 선택하면 영상을 재생목록에 추가할 수 있습니다. [내 Youtube 동영상] 항목에서 재생목록에 넣을 영상들을 선택해 [동영상 추가]를 클릭하세요.

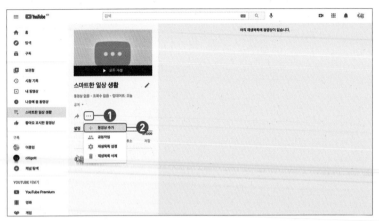

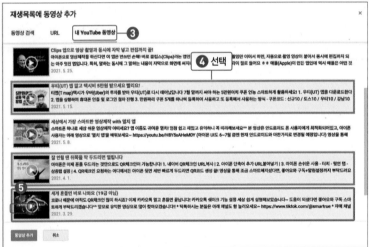

5 ✎을 클릭해 재생목록의 설명을 입력합니다.

▶ TIP 재생목록의 ☰를 클릭해 드래그하면 영상의 순서를 바꿀 수 있습니다.

무작정 따라하기 02 | 채널 맞춤설정하기

1 내 채널의 메인 화면을 구성해 보겠습니다. [맞춤설정] – [레이아웃]의 [주목 받는 동영상]에서는 채널에 들어왔을 때 가장 크게 보이는 영상을 지정할 수 있습니다.

2 [추천 섹션]에서는 영상을 카테고리별로 정렬해 메인화면에 나타낼 수 있습니다. '업로드한 동영상'을 선택하면 최근 업로드 순으로, '인기 업로드'를 선택하면 조회수가 높은 순으로 보입니다.

무작정 따라하기 03 채널 관리 및 분석하기

1 [Youtube 스튜디오]의 [분석]에서는 내 채널 영상의 조회수, 시청 시간, 구독자 추이를 다양하게 분석할 수 있습니다. 지금 막 채널을 개설했다면 채널 분석이 멀게만 느껴질 수도 있겠지만, 관심을 갖고 공부하면 채널 운영 전략을 세우는 데 많은 도움이 됩니다.

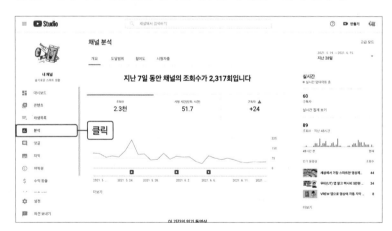

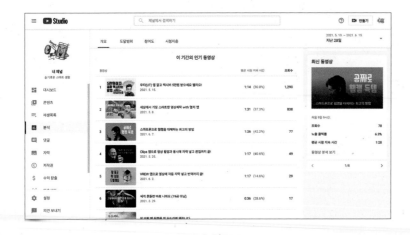

2 [YouTube 분석]의 [도달범위]에서는 시청자가 내 콘텐츠에 접근한 경로를 확인할 수 있습니다. 잠재 시청자의 관심을 얼마나 끌고 있는지(노출수), 시청자의 관심을 얼마나 얻고 있는지(조회수), 시청자가 얼마나 오래 시청하는지(시청 시간) 파악할 수 있습니다.

3 [YouTube 분석]의 [참여도]에서는 콘텐츠 시청 시간과 평균 시청 지속 시간을 확인할 수 있습니다.

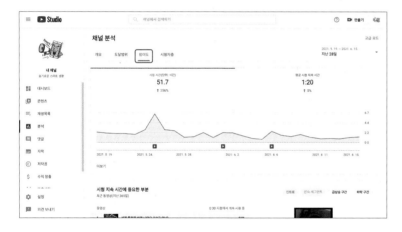

4 [YouTube 분석]의 [시청자층]에서는 내 동영상의 시청자에 대한 정보를 확인할 수 있습니다. 재방문 및 신규 시청자, 순 시청자 수, 구독자 수가 나타납니다.

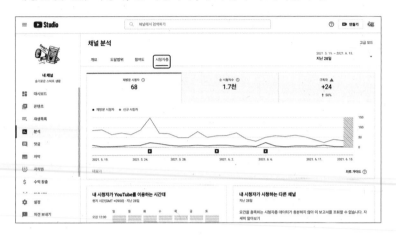

잠깐만요 개별 영상 분석하기

[YouTube 분석]에서는 채널 전체뿐 아니라 각각의 영상도 분석할 수 있습니다.

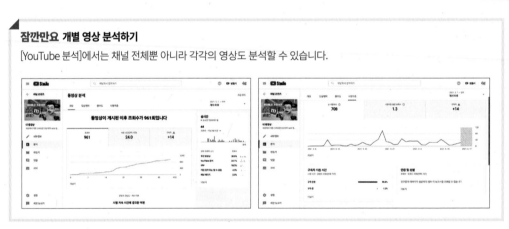

업로드한 영상에 광고를 넣어 유튜브 채널로 수익을 얻기 위해서는 다음 조건을 먼저 만족해야 합니다. 우선, 구독자 수가 1,000명을 넘어야 하며 최근 12개월 동안 내 동영상을 시청한 시간이 4,000시간을 넘어야 합니다. 이 조건을 충족하려면 영상을 지속적으로 업로드하는 것이 가장 중요합니다.

1. 모든 YouTube 수익 창출 정책을 준수합니다.
   - YouTube 수익 창출 정책이란 YouTube에서의 수익 창출을 허용하기 위해 마련된 정책 모음입니다. YouTube 파트너는 YouTube에서 수익을 창출하려면 YouTube 파트너 프로그램 정책을 포함한 계약에 따라 이 수익 창출 정책을 준수해야 합니다.
2. YouTube 파트너 프로그램이 제공되는 국가나 지역에 거주합니다.
3. 최근 12개월간 공개 동영상의 유효 시청 시간이 4,000시간을 넘습니다.
4. 구독자 수가 1,000명을 초과합니다.
5. 연결된 애드센스 계정이 있습니다.

이제 여러분은 유튜브 세상에 콘텐츠 생산자로서 당당히 첫발을 내딛었습니다. 유튜브 세상의 주인공이 되시길 응원합니다!

유튜브 채널 기획

채널명	
기획 내용	
기획 동기	
제작 방식	
준비 내용	

유튜브 채널 점검

☐ 타깃이 명확한가?

☐ 채널 정체성이 명확한가?

☐ 영상 중간에 이탈하는 시청자가 많은가?